阳明心学的三重奥秘

姜忠学 著

花山文艺出版社

河北·石家庄

图书在版编目（CIP）数据

阳明心学的三重奥秘 / 姜忠学著. 一石家庄:花山文艺出版社，2023.1
ISBN 978-7-5511-6553-2

Ⅰ.①阳… Ⅱ.①姜… Ⅲ.①王守仁（1472-1529）一心学一研究　Ⅳ.①B248.25

中国国家版本馆CIP数据核字(2023)第001565号

书　　名：阳明心学的三重奥秘
著　　者：姜忠学
策　　划：张采鑫　崔正山
责任编辑：张采鑫　李　鸥
特约编辑：王卫华
责任校对：李　鸥
装帧设计：末末美书
美术编辑：胡彤亮
出版发行：花山文艺出版社（邮政编码：050061）
　　　　　（河北省石家庄市友谊北大街330号）

销售热线：0311-88643299
传　　真：0311-88643200
印　　刷：固安兰星球彩色印刷有限公司
经　　销：新华书店
开　　本：880×1230　　1/32
印　　张：8.25
字　　数：150千字
版　　次：2023年1月第1版
　　　　　2023年1月第1次印刷
书　　号：ISBN 978-7-5511-6553-2
定　　价：59.00元

谨以此书献给每一位帮助过我的朋友。

人生道路，常有坎坷；

感恩友谊之手，温暖且有力！

自序

　　阳明先生最得意的弟子徐爱，把先生讲授心学的要点做了笔记，共计十四条，然后为它取了个名字叫《传习录》。其灵感源于《论语》中的"传不习乎"，这是《传习录》最早的部分。

　　当徐爱开始听受心学的时候，第一反应是"因旧说汩没，始闻先生之教，实是骇愕不定，无入头处"。其实，很多初学心学的朋友也许没有"骇愕"，但绝大多数却实实在在是"无入头处"。既而，"闻之既久，渐知反身实践。然后始信先生之学，为孔门嫡传。舍是皆傍蹊小径，断港绝河矣"。

　　"旧说汩没"上千年，直到这"嫡传"重现！

　　书稿写完之后，我反复构思这篇《自序》，从不同角度撰写都不满意，总感未能触达机奥。徐爱这些文字，无比精练深刻，无比真切。于是引用于此，作为这篇序的骨架和灵魂。

　　说它精练深刻，因为心学的门，迈得进去还是徘徊于外，其关键功夫就藏在这寥寥数语之间。说它真切，又是为何？

徐爱最后说："思之既久，不觉手舞足蹈。"

心学的境界，能登堂入室者，必然会用真切的感受来印证"此言不虚"。

是为序。

姜忠学

2022 年晚夏于北京大运河畔

目 录

第一章　众里寻他：天机之光

第二章　正位凝命：发机之节

第三章　万物一体：生机之源

第一章

众里寻他：天机之光

西行龙场，圣路漫漫

　　五百多年前的一个夜晚，贵州荒凉且危机四伏的万山丛中——龙场驿，王阳明在此迎来了中国文化道统里史诗般的高光时刻：龙场悟道。于那一刻起，阳明心学横空出世，巅峰入云。为这一刻之降临，他上下求索，跋山涉水，历尽传奇，跨越了二十五个春秋。

　　大明王朝成化十九年（1483），十二岁（本书中的岁均指虚岁）的少年阳明和私塾先生有一小段极为有名的对话，主题是：什么是人生第一等事。

　　私塾先生的预设答案是：读书登第。

　　少年阳明的回答很不一样：要成圣！

　　"圣"，到底是什么？也许在那个年纪，他还不甚了然。我们试问自己："圣"是什么？齐天大圣、书圣、诗圣、剑圣、圣王……那么，具备什么样境界的人才能称得上"圣"？后来，在《谏迎佛疏》中，阳明先生明确地表示："中国之圣人，以尧舜为最！"在中国，最突出的"圣"是尧、舜——这是他心目中"圣"的清晰标杆！在他四十九岁所写的《象山文集序》里，阳明先生把尧、舜、禹相与授受的十六个字，言之凿凿地称作"心学之源"。这十六个字是：

　　人心惟危，道心惟微，惟精惟一，允执厥中。(《尚书·大禹谟》)

　　《左传·襄公二十四年》里有这样的文字："太上有立德，其次有立功，其次有立言，虽久不废，此之谓不朽。"阳明先生一生立德、立功、立言，样样不缺，被誉为"真三不朽"之完人，是为圣。就其全面性而言，大概无人能出其右。所以，阳明先生十二岁时的豪言壮语、冲天之志，在他生命中得以完满实现。

　　阳明先生从十二岁立志成圣，到三十七岁龙场悟道，这二十五年里都发生了哪些事，让我们将其逐个拾起，围绕着心学的内核，慢慢道来。

长安街上遇道人

在学生钱德洪为阳明先生编撰的《年谱》（本书采用的是浙江古籍出版社 2010 年出版的《王阳明全集》内之《年谱》，下文称为《年谱》，区别于本书内所提及的束景南先生所著、上海古籍出版社 2017 年出版之《王阳明年谱长编》）里，有明确的记载：

> （成化）十八年壬寅，先生十一岁，寓京师……明年（成化十九年）……一日，与同学生走长安街，遇一相士，异之曰："吾为尔相，后须忆吾言。须拂顶，其时入圣境；须至上丹台，其时结圣胎；须至下丹田，其时圣果圆。"

大致的意思就是，阳明先生十二岁的时候在京城，遇到一位会相面的奇人。这个人神神叨叨地暗示他有成圣的潜质，希望他谨记。

从这之后，阳明先生就变得不一样，每每对书静坐凝思；之后，就有了他和塾师的那段对话。

成圣，成了时刻萦绕在阳明先生心间的呼唤。什么是圣？圣境究竟是怎样的感受？到哪里去学？又如何练成？

跃马居庸关

在阳明先生最好的朋友湛甘泉为他所写的墓志铭里，提到了所谓的"五溺"，即阳明先生在归复圣学前沉溺于其中的五段人生历程——"初溺于任侠之习，再溺于骑射之习，三溺于辞章之习，四溺于神仙之习，五溺于佛氏之习"，这里重点说"任侠"。少年阳明，胸中有一股侠气！因为如此种种被称作"溺"的漫游，没有过多的文字记载，大致画面，我们可以在合理的范围内想象。阳明先生和湛甘泉的关系极为密切，而且他曾明确表示其学问受到甘泉的启发和砥砺，所以甘泉对阳明先生的了解必然非常细致，他的话也自然极为可靠。虽然《年谱》里面并未提及这个"任侠"，但是此处非常可信。

怀揣着一个成圣梦想的阳明先生，于十五岁时做出了一件非同寻常的事情。他消失了一个多月，去哪里了呢？他出了居庸关，"慨然有经略四方之志"，不但考察敌情，研究御敌之策，而且居然"逐胡儿骑射"，就是骑着马，拉弓搭箭去追胡人——当时京城以北，居庸关外面，觊觎大明王朝的敌人。那胡人有什么反应呢？《年谱》里的记载是"不敢犯"，也就是在阳明先生的气势下，他们不敢造次。

这段岁月里还有一件很奇妙的事情，其记载出自阳明先生本人之口（见《董汉阳碧里后集·铜柱梦》，嘉靖六年记），自然不会有误传的可能。

一晚，年少的阳明先生做了一个梦，梦到了汉代名将马援，而且在梦中还作了一首诗：

卷甲归来马伏波，早年兵法鬓毛皤。

云埋铜柱雷轰折，六字题文尚不磨。

所谓日有所思，夜有所梦，当时的阳明先生，对建功立业的追求可谓入了骨髓。他做什么事，都极具深刻投入的精神，要么不做，要做就拼尽全心全力，制心一处，勇往直前！

关于这个梦和梦里的诗，在四十多年后，居然在现实中有所反映。在后文，我们会详细讲述。

阳明先生从小就显示出超群的胆识和高远的志向，在他传世的诗句里，常有"丈夫落落掀天地"或"莫负男儿过一生"式的澎湃豪情。为什么会这样？　一个可以充分发掘、发挥出内心本有力量的人，自然会明睿且无所畏惧，果敢而勇往直前！阳明先生年少即志向超凡且坚定：成圣！"圣"具体什么样，又如何才能成，这些问题将敦促他投入漫长的探索，既是必然也充满了偶然。伟大人物生命里的传奇，正是在这种探索的历程里逐个登场。

阳明先生除了心学这个耀眼的亮点之外，最被人津津乐道的就是他的军事成就。他以文官的身份带兵打仗，屡出奇兵，从无败绩；他还以临时拼凑的兵勇，用四十二天就大破准备十余年的宁王叛乱。试问这样的壮举古今有几人能做到呢？他能骑马射箭，曾有校场较量、力压奸佞、箭无虚发、皆中靶心的佳话。于是，常有人会问及：阳明先生什么时候学习的射箭？既然能十五岁跃马居庸关、逐胡儿骑射，说明他在这个年纪已经有了不错的箭法，那么我们推想他练习射箭不会晚于十五岁。考中进士后，阳明先生被安排的工作是"观政工部"，紧接着被派的一个差事就是去河南浚县督造威宁伯王越的墓。从京城到浚县一千多里路，他执意骑马，就是为了强化练习骑术。在这期间他曾经坠马吐血，但是仍然坚持骑行直至目的地。从中能看出来，阳明先生修己时时处处，尽心尽力，他独步古今的人生成就必然与这样的行事风格紧密关联！

阳明先生出关考察、纵马骑射的那一小段岁月，绝非莽撞冒失的少年在寻求刺激。这极度冒险的行为、这坚定的勇气，源于那一颗时刻都在寻求成圣之道的心。只是在那样的年纪，成圣的志向虽然烈焰熊熊，但方向和方法尚且在探索之中。这为国除却边患的理想，自然也是探索的尝试之一。对军事的理解和为解救苍生而有所作为的夙愿，像一条隐形的线索，一直在他的生命里潜伏着。

道观坐忘

　　阳明先生的父亲王华是成化十七年（1481）的状元，是一个思想深邃且开明的人。虽然做人不刻板，但是对儿子却有着严格的家教。我们大概可以推测，他会认为到了合适的年龄，"任侠"的儿子应该收收心，多读读书，考取功名与成圣的人生目标并不相抵牾……有这诸多考虑，就自然会有之后的安排：给儿子完婚。

　　弘治元年（1488），十七岁的阳明先生前往江西南昌，当时称作洪都，去拜访岳父诸养和，然后与未婚妻成婚。诸先生是江西布政司参议，自然不是等闲之辈，想来这婚事办得必定很是周全。但是，就在成婚当天，发生了一件极不寻常的事情。我们看《年谱》里的原文：

　　　　合卺之日，偶闲行，入铁柱宫。遇道士趺坐一榻。即而叩之，因闻养生之说，遂相与对坐忘归……

大意就是说，阳明先生在成婚那天，闲着没事，偶然走进了一个叫铁柱官的地方，正好遇到一位盘腿端坐在榻上的道士。阳明先生走近这个道士并且向他叩拜，他得以听到了养生的学问，于是与道士对坐论道，竟然忘了返回。

对于这件事，有不少人认为或许是讹传。结婚这么大的事，怎么会忘记呢？但是《年谱》是阳明先生近身弟子钱德洪所编撰，一来，先生在世的时候，德洪终日侍于左右；二来，那么多弟子要过目，《年谱》这样严谨的文字，不可能一个人随意乱写；三来，这样异乎寻常的事情，如果本来没有，学生们却要硬生生给捏造出来，其可能性几乎为零。由此可见，阳明先生在结婚当天忘归这件事应该是属实的。

那么另外一个问题就特别值得我们深思了：是什么样的忘我投入才能让一个人把结婚这样要紧的事情忘记了呢？

还记得阳明先生在长安街上偶遇道士的事吗？与道士的一番对话之后，年少的阳明先生从此变得很不一样，心更安静也更凝一，他是入了心的。一生中阳明先生对道家的东西是非常下功夫的，尤其是筑室阳明洞的那段时光，他主要修习的就是道家的"导引术"。

铁柱官的这位道士想来绝非等闲之辈，并不是任何一个道家的人物都能让阳明先生如此痴迷进而忘归的。我们常用"听君一席话，胜读十年书"来感叹遇到了高人。想必那一刻他所闻"养生之说"绝非泛泛之论。这道士想必也不是对谁都会把这真东西掏出来讲的。所以，一个高人遇到另一个年轻的潜在高人，一下子就碰出了火花，相谈甚欢，以至于忘天忘地忘却时空……

这件非同寻常的事情，引起我们一个非常必要的思考：在很长的一段时光里，阳明先生是期望通过修习道家功夫来实现入圣目标的；阳明先生对成圣的追求之炽烈，促使他对某些学说无比痴迷。虽然《年谱》这段记录的是谈"养生之说"，但是由此而能入"圣境"的传说在那个年代是非常流行的。我们在后文九华山问道和阳明洞天修炼的探索中，也能非常清晰地看到这一点。

我们没找到其他可靠的文字记录来续讲这位"落跑新郎"是怎么处理这件事的，或许根本就不必花费笔墨来写这件事。后面能见到的文字主要集中描写这段燕尔新婚里的静好岁月，十七八岁的阳明先生主要在岳父的官署内专注练习书法，而且颇有建树，颇有心得。毫不夸张地讲，阳明先生的书法造诣是非常深的，如同他出色的诗文一样，因其心学光芒太过耀眼，而相对暗淡地退居次席。字写得好是有艺术建树，那颇有的"心得"是什么呢？就是：

> 乃知古人随时随事只在心上学。此心精明，字好亦在其中矣。

（钱德洪《年谱·弘治元年》）

我们要特别注意这段简短的文字，已经明显地泛出心学的微光。

心学并非只是在龙场那个伟大的夜晚一时生成的，它是在一段漫长的不断求索、尝试和思考、践行的过程中，一点点凝聚结晶的。

拜访娄谅

在南昌待了一年多后，阳明先生要带上妻子回浙江余姚老家。归家途中，一个重要的人物将走进他的人生旅程，这个人就是大儒娄谅娄一斋先生。

娄谅家住广信，是明初著名儒学家吴与弼的弟子。吴与弼还有另外一个很出名的弟子陈白沙，正是阳明先生最好的朋友湛甘泉的老师。

娄谅有两个儿子，一个是娄性，另一个是娄忱。娄性与阳明先生的父亲王华是同一年进士，也是好朋友。娄性的墓志铭就是王华写的。娄性有个女儿，就是宁王朱宸濠那个著名的"娄妃"。我们在后文会讲到平定宁王叛乱的鄱阳湖大战，因为此战中宁王战败，娄妃投江自杀。后来，阳明先生特意找到娄妃的遗体，为她料理后事，这也是有世交渊源的。

可以想得出来，阳明先生拜访娄一斋，因有父亲的关系在，自然容易见得，并且娄先生也必然会知无不言、言无不尽地教他。

　　毕竟娄一斋还是沿着朱熹的路走的，即便有自己的见解，也不会有太大胆的创见。所以，这次会面自然不会对阳明心学有多大的启发。但是，有一点确实是非常有价值的，那就是娄先生的一句话深深地刻在了阳明先生的心里（《年谱》里称"遂深契之"），这句话就是：

　　　　圣人，必可学而至。

　　自此之后，阳明先生一改"善谑"的风格，开始"端坐省言"。这一点似乎与他当年在长安街被道人指点之后的变化有相同妙处，颇耐人寻味。

阳明格竹

因为祖父王伦去世，所以父亲王华归乡丁忧三年。在这段岁月里，父亲有充裕的时间来指导阳明的科举应试。毫无悬念，二十一岁这一年，阳明先生轻松地通过了浙江乡试。

丁忧期满，父亲带着阳明一起返回京城。在这段时间里，他开始"遍求考亭（朱熹）遗书读之"。关于《大学》里的"格物致知"，朱熹先生的解释是研究世间万事万物以获得至理，达到对"理"的真知。于是有"一草一木皆涵至理"的说法。成圣，必然要找到这世间的至理。学会这世间的至理，也就能够验证娄一斋先生所说的"圣人，必可学而至"，而且娄先生讲的也是"格物"之学。

三年过去了，阳明先生备考过程中用的教材自然离不开朱熹的著作，他应该没少看朱熹对"格物致知"的反复讲解。终于有一天，阳明先生要做一个大胆的"实验"，既然"一草一木皆涵至理"，那就找一些花花草草来真切地验证一把！

于是，阳明先生和一位姓钱的朋友拿父亲官署院中的竹子开始操练起来：格物致知，先"格"这个竹子，看能"格"出什么至理来，"致"个什么样的"知"！可这位姓钱的朋友"格"了三天就放弃了，一无所获。阳明先生说他是精力不济，自己继续，一直持续了七天七夜。结果呢，他也是没有"格"出个子丑寅卯，只得放弃。阳明先生心力交瘁，病倒了。这病不仅仅是由于体力的耗竭，更因成圣信念被重创：他开始感觉到成圣这件事，很难。

这就是著名的典故"阳明格竹"。这件事在阳明心学的创立过程中有非常重大的意义，这里我们要多花些笔墨讲一下。

在正式讲解这个"格物"之前，我们先简略介绍一下《大学》。《大学》本是《礼记》中的一篇文章。到了宋代，二程极力推崇它，于是将其从《礼记》中单独提出来仔细研究。后来朱熹把《大学》《中庸》《论语》《孟子》组合在一起，作《四书章句集注》，"四书"由此确立其位置，与"五经"并列。在读书人心里，其重要程度自然不言而喻。

但是，有一点必须提到，那就是朱熹把《大学》进行了不小的改动，主要集中在三个方面：其一，改一个关键字；其二，补充一段所谓的"缺失"的文字；其三，打乱局部原有文字顺序，重新编排。

为了便于大家更直观地看，我们把《大学》前面一部分列在这里。先展示《大学》的"原貌"，也就是阳明先生所用的"古本"，未经朱熹改动过的原本。

　　大学之道，在明明德，在亲民，在止于至善。

　　知止而后有定，定而后能静，静而后能安，安而后能虑，虑而后能得。物有本末，事有终始；知所先后，则近道矣。

　　古之欲明明德于天下者，先治其国；欲治其国者，先齐其家；欲齐其家者，先修其身；欲修其身者，先正其心；欲正其心者，先诚其意；欲诚其意者，先致其知，致知在格物。物格而后知至，知至而后意诚，意诚而后心正，心正而后身修，身修而后家齐，家齐而后国治，国治而后天下平。

　　自天子以至于庶人，壹是皆以修身为本。其本乱而末治者，否矣。其所厚者薄，而其所薄者厚，未之有也。此谓知本，此谓知之至也。

　　所谓诚其意者，毋自欺也。如恶恶臭，如好好色，此之谓自慊。故君子必慎其独也。小人闲居为不善，无所不至，见君子而后厌然，掩其不善，而著其善。人之视己，如见其肺肝然，则何益矣！此谓诚于中，形于外。故君子必慎其独也。

　　…………

　　《大学》博大精深，意蕴极为丰富，在这里不对其进行逐字翻译。

《大学》里面提及的"格物、致知、诚意、正心、修身、齐家、治国、平天下"，即所谓"八条目"。我们很容易发现：下文"所谓诚其意者，毋自欺也"一段，是对"诚意"的解读；原文中还有"所谓修身在正其心者"一段，是对"修身"的解读；继而是"所谓齐其家在修其身者"，"所谓治国必先齐其家者"，以及"所谓平天下在治其国者"……很明显，这是按照"八条目"的顺序来逐个解读的。但是，为什么要从"诚意"开始解读，前面对"格物""致知"的解读怎么就"丢失"了呢？毫无疑问，这绝非一个可以被忽视的问题。要么是传抄过程中丢失了，要么，有更深的"隐秘"……

朱熹认为问题的真相是第一个：丢失了一部分。于是，他按照程子的想法加之自己的理解给补上了一段。这一段补充，在几百年间影响了无数读书人用功的方向。这段文字是：

> 所谓致知在格物者，言欲致吾之知，在即物而穷其理也。盖人心之灵莫不有知，而天下之物莫不有理，唯于理有未穷，故其知有不尽也。是以《大学》始教，必使学者即凡天下之物，莫不因其已知之理而益穷之，以求至乎其极。至于用力之久，而一旦豁然贯通焉，则众物之表里精粗无不到，而吾心之全体大用无不明矣。此谓物格，此谓知之至也。

就文字表达层面而言，这段文字流畅而清晰，不需要过多拆解。但是，有三个问题：这真的是《大学》里"格物致知"的本意吗？《大学》真的丢失了一段如此关键的文字吗？这种解释真的能让我们找到那个通达人生的"至理"吗？

在这里需要特别提示一下，朱熹所说的"即物而穷其理"这个"理"即是"天理"，天造地设的法则。这个法则主要指向人生，而非自然科学里的"物理"，这一点一定要清楚。心学里面的"天理"与宋代理学的"天理"意思并无不同。那不同的又是什么呢？本书会一层层讲到。

关于更改文字和重新编排顺序的问题，与这里的主题关联不大，在这不必展开。因为我们讲"阳明格竹"要涉及朱熹对"格物"的解读，我们在这里只谈及"格物"这一段。

很明显，要成圣，按照朱熹的指导，就必须要格天下之物，这是必由之路。

同样明显的是，这条路非常非常难，关键是你似乎找不到抓手，即后来阳明先生反复提及的"着力处"，有一种你有再大的力气再大的决心，要把天扛起来，但就是无处用力的感觉，是不是这样？

人生至理，即所谓天理，即朱熹补充的那一段文字所谓的"知之至"，世间为人的道理，人生的终极法则，真的就藏在这世间万事万物当中，甚至一草一木当中吗？如果是，又怎样才能把这"理"、这法则，从万事万物中"格"出来再安放在我们的心里，用以指导我们在这世间的所思所言所行呢？

阳明先生苦思冥想不得其解，成圣的目标似乎遇到了极为艰巨的阻碍，真的很绝望。但凡事总有两面，"危"里藏着"机"。阳明格竹这次具有划时代意义的失败，为阳明心学的创立发挥了巨大的作用。

首先，阳明先生在格竹失败后产生了非常真切的感受：朱熹的"格物致知"有问题，他对朱熹的坚信开始不可逆转地动摇了。由此，功夫自然转向。虽然这次"转向"并未一下子转到位，但是这次"转向"却彻底打破了其他读书人那种不管是否有心得，却只管闭着眼睛一条道跑到黑的因循守旧，为阳明先生另辟新天提供了可能。

其次，阳明先生这么坚决地对"格物致知"七天七夜连轴转的实操行为，估计之前没有其他人这样做过，所以在《传习录》里有这样的一段文字："众人只说格物要依晦翁（朱熹），何曾把他的说去用！我着实曾用来。"这使得他一下子摸到了"致知"的关键症结所在。如果说阳明先生要找的那个"至理"就在某个地方的话，这个地方被"锁"住了，而朱熹对"格物致知"的解释正是这把锁。

阳明先生当时还没有意识到这一举动有如此重大的意义，但是当他在九华山隐隐约约看到"钥匙"所在的方向之后，直到龙场悟道正式打开这把锁，进而推开那扇门，我们才能从全景的视角看清楚，这一切的际遇和积累，没有哪一步是白走的！

辞章和兵法

　　二十二岁这年，阳明先生第一次参加会试，结果名落孙山，阳明先生说了那句著名的话："世以不得第为耻，吾以不得第动心为耻。"虽然得不得第不能动其心，但很多研究阳明心学的学者认为在会试前后的这段时光里，成圣之志受挫败的阳明先生是迷茫的，但是他不是一个甘愿碌碌的人，从他的那句"莫负男儿过一生"就足以见得这一点。在当时的京城，诗风很盛，著名的"前七子"李梦阳、何景明、徐祯卿、边贡等人，都非常活跃。才华横溢的阳明先生很自然地就融入其间，而且成绩斐然。

　　会试结束了，阳明先生没考中，也就无须留在京城了。于是阳明先生回到余姚，在龙泉山寺结了一个诗社。那段岁月，他佳句频出，也乐得逍遥自在。

　　时光荏苒，第二次会试如期而至，结果又是名落孙山。就在那段时间里，大明王朝"边报甚急"，危机四伏。而当时的武举考试主要侧重骑射搏击，筛选不出出色的"韬略统驭之才"。于是，他那颗要成圣的心又开始躁动了，清风竹林、赋诗饮酒这样的小情调不再适合"豪雄"的禀赋和志趣。他开始"留情武事，凡兵家秘书莫不精究，每遇宾宴，常聚果核列阵势为戏"，非常投入地钻研兵法。

如果认为只要"此心不动"就能统兵打仗，那就想得太简单了；如果认为只要研究兵法就能百战百胜，也想得简单了。怎么面对这个问题？把心学打通了，自然就有答案了。

从二十二岁到二十八岁，这六年间，阳明先生三次参加会试。他是一个好学的人，经过这么多年的储备，应付考试可以说绰绰有余。前两次没考中也是事出有因，尤其是第二次为当道所嫉，刻意阻挠。所以他并不需要终日为了备考废寝忘食。他一直在做的是寻找成圣的方法，在寻找那个让人生不迷茫的"至理"，寻找那个安心立命的终极法则。弘治十二年（1499），阳明先生二十八岁，他轻松走入考场，怀着一颗不动之心，坦然面对，正常发挥而已。这次，他的成绩是会试第二名，廷试第十名。

自此，阳明先生开启了人生中新的一程。

新晋士大夫

按照当时规定，有了进士身份，就可以进入官员序列。阳明先生自此不再是白身，可以以士大夫的身份去治国平天下了。

阳明先生的第一份工作是"观政工部"。当年秋天，部里安排他出趟差，负责督造威宁伯王越的墓。这是一次实操性非常强的工作。

在明代，以军功封爵的文人只有三个：一位是靖远侯王骥，一位是这位威宁伯王越，另外一位就是阳明先生，封爵新建伯，后来又追封新建侯。王越为明代成化、弘治时期西北著名的军事统帅，他在边塞叱咤风云，善用兵法，屡立奇功；同时也是当时著名的诗人。

阳明先生年少时常把小伙伴们组织起来操练，只能算是模拟。这次，他手下有一群实实在在的人可以调动了，于是便把这些人用到了极致。《年谱》里面使用的文字是"驭役夫以什伍法，休食以时。暇即驱演《八阵图》"。想来那一定是一派气势恢宏的画面：一群役夫军事化一般统一步调，精密组织，作息有度，调度得法，而且还能操演《八阵图》，真是新奇痛快。黄绾在《阳明先生行状》里描述这个场面的时候，这样评价道："识者已知其有远志。"

工程自然是高效高质地完成了，威宁伯的家人很满意、很感激，于是"以金帛谢"，阳明先生不肯接受。最后，威宁伯的家人把威宁伯生前所佩的宝剑赠予阳明先生，他欣然接受。他应该是非常喜欢这件礼物的，想必会感到非常称心。

当时发生了一件有趣的事情，这里也提一下。阳明先生曾经在梦里有这样的奇遇：威宁伯将自己的弓和佩剑赠给他。现在这梦居然成了真。这种事情非常罕有，可谓是人生传奇了。

追求人生的价值，追求成圣的梦想，像一团火焰在阳明先生的心中熊熊燃烧！他抓住每一次机会，珍视每一次磨炼，都是为了实现这个终极目标。

也正是在这一年，阳明先生慷慨激昂地写下了《边务八事》，阐述自己对当时朝廷军备的看法和建议，引起不小的关注。晚年的时候，阳明先生对学生们说，当年他这个举动有"抗厉气"，多少有点儿不知道天高地厚、急于建功立业的意思。但是，在那段岁月里，他对理想的追求如此热烈，激情如此饱满，冲劲如此澎湃，这种豪情万丈的状态，令人钦佩和羡慕。

问道九华山

明代六部的排序是：吏、户、礼、兵、刑、工。阳明先生的第一份工作在工部，干得不错，然后被调到刑部做主事。六部的官阶是：尚书（正二品）一人，左右侍郎（正三品）各一人，然后是各司的郎中（正五品）以及员外郎（从五品），再下一阶就是主事（正六品）。当时的刑部下设十三清吏司（河南、山东、山西、陕西、浙江、江西、湖广、广东、广西、四川、福建、云南、贵州），阳明先生在云南清吏司担任主事。这一年，他二十九岁。次年，他开启了新的仕途旅程。部里安排他出一趟差，任务就是束景南先生在《王阳明年谱长编》里所讲的"江北录囚"。

这段时光是有含金量的，其间阳明先生所见、所闻、所思、所想以及当时的身体健康问题，众缘和合，促成了极为关键的"问道九华山"之旅。

弘治十四年（1501），阳明先生钦差直隶、淮安等府，工作是"会同各该巡按、御史审决重囚"。这个工作颇具分量也极其繁冗，自不必言。这一路所经过的地方有淮安、凤阳、南京、和州、芜湖、庐州、池州等地。在这一段漫长而繁忙的工作旅程中，阳明先生的工作成效卓著，很多冤假错案得以平反，痼案得以完结。我们举一个南京的案例，感受一下这位上任新官、年轻的刑部主事王大人的工作风格。

在束景南先生的《王阳明年谱长编》里，引用了都穆（阳明先生同年进士，据说两人交往甚密）的《都公谈纂》卷下的部分内容：

> 阳明王公为刑部主事，决囚南畿。有陈指挥者，杀十八人，系狱，屡贿当道，十余岁不决。王公至，首命诛之。巡按、御史又为立请，而王公竟不从。陈临刑呼曰：'死而有知，必不相舍！'公笑曰：'吾不杀汝，十八人之魂当不舍吾。汝死，何能乎？'竟斩于市，市人无不啮齿称快……

阳明先生是"豪雄"，他在名作《啾啾吟》里面那一句"丈夫落落掀天地"，就是绝佳注脚：明睿且铁腕。

他一步一个脚印走在这沧桑的人间正道，那如贯长虹的浩然正气，必然在那段激情燃烧的岁月里激荡，也必然在阳明先生胸中奔腾。心学讲知行合一，阳明先生讲"真切"，真切的知和感受必然来自于实实在在不打折扣的"行"。这一"行"，必然使他的内心有"一棒一条痕"的真切感知！不过，与此同时，他这一程差旅势必让他看到了太多人间的肮脏黑暗，他向往的心之圣境，内圣外王的终极法则到底在哪里呢？

越是人生激越时，对心的力量考验越大；越是无能为力处，对心的力量要求越高。阳明先生心里到底遇到了什么困惑？这在后文他游历九华山时作的《九华山赋》里，隐隐透出端倪。

出差这段时间的前后，阳明先生的健康出现了问题。在他差事办完后上报的《乞养病疏》里有这样的文字：

> 臣自去岁三月，忽患虚弱咳嗽之疾，剂灸交攻，入秋稍愈。遽欲谢去药石，医师不可，以为病根既植，当复萌芽。勉强服饮，颇亦臻效；及奉命南行，渐益平复。遂以为无复他虑，竟废医言，捐弃药饵；冲冒风寒，恬无顾忌，内耗外侵，旧患仍作。及事竣北上，行至扬州，转增烦热，迁延三月，尪羸日甚。心虽恋阙，势不能前；追诵医言，则既晚矣。

前因后果，文中交代得很清楚。阳明先生本来就抱恙在身，后来稍有起色就疏忽大意了，没有认真服药调养；加之工作繁冗，劳累过度，旧病复发，日渐虚弱。所以他奏请告假养病。

阳明先生的工作逐地进展，最后到了池州。巍巍九华山，就坐落在池州。于是，带有浓郁传奇色彩的九华山之旅，似乎成了顺理成章的安排。一来，阳明先生希望到九华山寻求养生的方子；二来，除了身体的不适之外，其内心的迷惘更加助推了这次旅程的成行。

阳明先生的心里到底有什么困惑？这一年他三十岁，距离那句要成圣的豪言壮语，已经过去近二十年。在写于九华山的《化城寺六首·其四》中，就有这样两句："今日揩双眼，幽怀二十年！"这二十年，究竟是如何坚守，如何寻索，如何跋涉困惑？"幽怀"两字，已然道尽。

有的人，从来没有远大的理想，一直随波逐流而已。只是来过，走着，最后离开。有的人曾经有过很远大的理想，但是走着走着，所谓的理想也就慢慢变淡，然后悄无声息地湮灭在平淡的岁月里；甚至到理想消逝之后，会觉得当年的豪迈显得那般幼稚，而放弃理想的自己才是"成熟"的。

阳明先生内心成圣的志向，犹如火焰，只不过有时候烈焰熊熊，有时候燃烧得低沉；但是，从未熄灭！九华山脚下的阳明先生，心里面在想什么呢？写到这里，在寂静的初夏夜晚，蝉还未噪，热还未炽，坐在树下仰望星空，让我们斗胆揣测一下吧！

壮志未酬的困顿感大概是时刻煎熬阳明先生的心境底色。一面是掷地有声的"成圣"夙愿从未曾沉睡，如同一个不眠的精灵，在心头刻刻提醒；另一面是成圣之道，究竟在何处？此次"揩双眼"的旅程，阳明先生都做了些什么事情呢？特别值得注意的大致有三：

其一，化城寺、无相寺、长生庵、莲花峰、云门峰……能去的地方，他都去了一趟，甚至还同汤云谷一起去了一趟茅山。虽然在上山之前，他的身体状况已经很糟糕，但是他几乎竭尽所能，最大化这次旅程的功效，以期待真的能有所得。毕竟，九华山作为佛教圣地，同时还有道家高人出没，足以给阳明先生以巨大的期许。其二，面见道家名士蔡蓬头，未有所得。正是因为在蔡蓬头这里未有所得，才使得他继续寻找的动力更加坚定。其三，真人露面：在地藏洞得见"奇人"，得到了两句至关重要的话。这两句话里藏着一把钥匙，等待时机成熟，风云际会，这钥匙将会打开那把尘封在心上二十五年的锁！

这"其一"，不必过多展开，我们花一点儿笔墨讲一下另外两件事。先来讲"其二"，在《年谱》里有这样的文字：

> 是时道者蔡蓬头善谈仙，待以客礼，请问。蔡曰："尚未。"有顷，屏左右，引至后亭，再拜，请问。蔡曰："尚未。"问至再三，蔡曰："汝后堂后亭礼虽隆，终不忘官相。"一笑而别。

很多人认为，阳明先生此刻有一丝归隐的念头浮现，在当时的际遇和心境之下，这也是可以理解的。他希望能从蔡蓬头这样的"仙家"那里找到答案。但是蔡蓬头前两次的回答均是"尚未"，后面直接讲他身上有一团"官相"。于是，阳明先生一笑而别。这个"笑"里面有着无奈，也有另一层意思：蔡蓬头所谓在他身上散发的"官相"，绝非是作威作福的官僚气，而是入世的内圣外王的士大夫情怀。有这一团"相"在，阳明先生其实是没办法完全归隐山林去遁世的。虽然有阳明洞筑室的奇异经历，但他最后还是重回世间；虽然去龙场前夕他也许稍微动了留恋武夷山的念头，但当时已然坚定的方向感，令他迅速转念踏上了西行龙场的旅途……蔡蓬头看得很准，阳明先生内心对"圣"的追寻，不可能允许他藏身山林而"独乐乐"，他有巨大的使命在身上。

万古明灯，不可能藏遁幽隐。

再来讲"其三"。阳明先生得到一个新的消息：地藏洞边的悬崖之上，有位不食人间烟火、坐卧松毛的奇人，非常有道行。于是，带病在身的阳明先生攀岩涉险，真的找到了这个人。这人见到阳明先生很吃惊，问道："我藏得这么隐蔽，你是如何找到的？"怎么说呢，一来，阳明先生求道之心，精诚所至；二来，世间万事，众缘和合吧！

这注定是一次非同寻常的交谈。这位奇人从佛家谈到道家，最后转向儒家。历史上有名有姓的厉害角色有很多，然而，在人类文明漫漫的长河中，总有一些人，要么不为人所知，要么刻意不令人所知，要么未曾被记录下来，要么被悄然遗忘……但是，他们却实实在在地来过、存在过，在某一瞬间，放射过夺目光芒，然后背影淡去。这位奇人，我们不知道他后来去了哪里，又是否有其他的关于他的文字记载存世。但是有一点可以肯定，在阳明心学创立的过程中，他发挥了看似不起眼但却极其巨大的作用。

在转向儒家后，这位奇人对阳明先生说了这样的话："周濂溪、程明道是儒家两个好秀才；朱考亭（朱熹）只是个讲师，未达最上乘……"行至后文，当我们从全局视野纵观龙场悟道的全景时，就会惊觉这两句话的非凡意义。

九华山之旅以一篇气势恢宏的《九华山赋》收尾，这篇文采熠熠的大作里面也蕴含着心学发展的阶段痕迹，向我们展示着阳明先生当时的心路历程。

本来想只从这篇《九华山赋》里面截取几段便可以了，但是，我在前文曾经讲到阳明先生在诗赋上造诣颇深，却没有把能够担当得起这"颇深"字眼的大作列在那段文字中。所以，左看右看，舍不得略去一字，就把这篇赋完整地放在这里。在用以讲解阳明先生问道九华山之心学历程的同时，让我们感受一下阳明先生的卓然文采！

循长江而南下，指青阳以幽讨。启鸿蒙之神秀，发九华之天巧。非效灵于坤轴，孰构奇于玄造！涉五溪而径入，宿无相之窈窕。访王生于邃谷，掏金沙之清潦。凌风雨乎半霄，登望江而远眺。步千仞之苍壁，俯龙池于深窅。吊谪仙之遗迹，跻化城之缥缈。饮钵盂之朝露，见莲花之孤标。扣云门而望天柱，列仙舞于晴昊。俨双椒之辟门，真人驾阳云而独跻。翠盖平临乎石照，绮霞掩映乎天姥。二神升于翠微，九子邻于积稻。炎熇起于玉甑，烂石碑之文藻。回澄秋于枕月，建少微之星旐。覆瓯承滴翠之余沥，展旗立云外之旌纛。下安禅而步逍遥，览双泉于松杪。逾西洪而憩黄石，悬百丈之灏灏。

濑流觞而萦纡，遗石船于涧道。呼白鹤于云峰，钓嘉鱼于龙沼。倚透碧之峗屼，谢尘寰之纷扰。攀齐云之巉削，鉴琉璃之浩渺。沿东阳而西历，飧九节之蒲草。樵人导余以冥探，排碧云之瑶岛。群峦翳其缪葛，失阴阳之昏晓。垂七布之沉沉，灵龟隐而复佻。履高僧而屧招贤，开白日之杲杲。试明茗于春阳，汲垂云之渊湫。凌绣壁而据石屋，何文殊螺髻之蟠纠？梯拱辰而北盼，瞩遗光于拾宝。缁裳迓于黄匏，休圆寂之幽俏。鸟呼春于丛篁，和云韶之鹭鹭。唤起促余之晨兴，落星河于檐橑。护山嘎其惊飞，怪游人之太早。揽卉木之如濯，被晨辉而争姣。静镵声之剥啄，幽人剧参蕨于冥杳。碧鸡哕于青林，鹇翻云而失皓。隐捣药以樛萝，挟提壶饼焦而翔绕。凤凰承盂冠以相遗，饮沆瀣之仙醥。羞竹实以嬉翱，集梧枝之袅袅。岚欲雨而霏霏，鸣湿湿于苇葆。躐三游而转青峭，拂天香于茫渺。席泓潭以濯缨，浮桃泻而扬缟。淙澌澌而落荫，饮猿猱之捷狡。

睨斧柯而升大还，望会仙于云表。悯子京之故宅，欵知微之碧桃。倏金光之闪映，睫累景于穹坳。弄玄珠于赤水，舞千尺之潜蛟。并花塘而峻极，散香林之回飙。抚浮屠之突兀，泛五钗之翠涛。袭珍芳于绝巘，袅金步之摇摇。莎罗踯躅芬敷而灿耀，幢玉女之妖娇。搴龙须于灵宝，堕钵囊之飘摇。开仙掌于嵌嵌，散青馨之迢迢。披白云而踬崇寺，见参错之僧寮。日既夕而山冥，挂星辰于窿嶅。宿南台之明月，虎夜啸而黑噪。鹿麋群游于左右，若将侣幽人之岑寥。迥高寒其无寐，闻冰壑之洞箫。

溪女厉晴泷而曝术，杂精芩之春苗。邀予觞以玉液，饭玉粒之琼瑶。溘辞予而远去，飒霞裾之飘飘。复中峰而怅望，或仙踪之可招。乃下见阳陵之蜿蜒，忽有感于子明之宿要。逝予将遗世而独立，采石芝于层霄。虽长处于穷僻，乃永离乎陼嚣。彼苍黎之缉缉，固吾生之同胞。苟颠连之能济，吾岂靳于一毛！矧狂胡之越獗，王师局而奔劳。吾宁不欲请长缨于阙下，快平生之郁陶？顾力微而任重，惧覆败于或遭。又出位以图远，将无诮于鹪鹩。嗟有生之迫隘，等灭没于风泡。亦富贵其奚为？犹荣蕣之一朝。旷百世而兴感，蔽雄杰于蓬蒿。吾诚不能同草木而腐朽，又何避乎群喙之咻咻！

已矣乎！吾其鞭风霆而骑日月，被九霞之翠袍。抟鹏翼于北溟，钓三山之巨鳌。道昆仑而息驾，听王母之云璈。

呼浮丘于子晋，招句曲之三茅。长遨游于碧落，共太虚而
逍遥。

　　乱曰：蓬壶之巍巍兮，列仙之所逃兮。九华之娇娇兮，
吾将于此巢兮。匪尘心之足搅兮，念鞠育之劬劳兮。苟初
心之可绍兮，永矢弗挠兮！

　　阳明先生的诗赋才华，在这一篇《九华山赋》里面展现得
淋漓尽致：大气磅礴而不失细腻，华丽绚烂而融于厚重。

　　在雄浑的辞藻里，在领略九华山各处圣境、典故和阳明先
生心境的融会之余，我们尝试从某些句子里窥探阳明先生求道
和成圣路上的迷惑："逝予将遗世而独立，采石芝于层霄。虽长
处于穷僻，乃永离乎隤嚣。"远离"泥坑"不愿意朝衣朝冠坐
于涂炭，期望遁世于清幽净地的念头跃然纸上。紧接着："彼苍
黎之缉缉，固吾生之同胞。苟颠连之能济，吾岂靳于一毛！矧
狂胡之越獗，王师局而奔劳。吾宁不欲请长缨于阙下，快平生
之郁陶？"他马上对自己进行叩问，使命感时刻会对自己想要
"独善其身"的想法，触发警省。虽然他心里的"圣"不能确
定是否可以从佛道里求得，可他知道，遗世独立不是他要的大
道，因为这种避世的修行令他不安。

　　但是，"顾力微而任重，惧覆败于或遭。又出位以图远，
将无消于鹪鹩。嗟有生之迫隘，等灭没于风泡"。天职何为？
使命任重，阳明先生觉得自己还未找到成圣的法门，自己还不

足以担负"圣"的天职和使命。还有，"亦富贵其奚为？犹荣葬之一朝。旷百世而兴感，蔽雄杰于蓬蒿。吾诚不能同草木而腐朽，又何避乎群喙之啾啾！"阳明先生有情怀、有抱负、有担当，但是放眼四望，群魔乱舞、乌烟瘴气……奈何，奈何！

"已矣乎！吾其鞭风霆而骑日月，被九霞之翠袍。抟鹏翼于北溟，钓三山之巨鳌。道昆仑而息驾，听王母之云璈。呼浮丘于子晋，招句曲之三茅。长邀游于碧落，共太虚而逍遥。"又转回来，流连忘返，犹如兜兜转转在九华圣境的云雾之间。云雾虚幻，人终究真实地行走在世间。可望而不可即的是仙，但圣人必定要在人间。

"乱曰：蓬壶之藐藐兮，列仙之所逃兮。九华之矫矫兮，吾将于此巢兮。匪尘心之足搅兮，念鞠育之劬劳兮。苟初心之可绍兮，永矢弗挠兮！"这最后的一段，隐隐埋下了一个伏笔，也是一个未来的答案：为什么在阳明洞天他已经被认为"得道"了，却要就此打住，毅然决然地离开？

筑室阳明洞

阳明先生本名王守仁，字伯安，号阳明。这"阳明"的号就是因其筑室阳明洞天隐修而得来的。

阳明先生离开九华山，回京复命。他已经在心里做了决定，要找一个安静的地方，彻底地梳理内心的困惑，只为那个二十年来苦苦寻找的答案。

在《九华山赋》里，有这样的话："九华之矫矫兮，吾将于此巢兮。"阳明先生希望可以像九华山上的奇人一样，洞彻这天地之间的机奥，了然成圣！在那虽苦苦找寻却仍未能寻得通圣心路的情境里，他也许认为那种隐遁静修、坐卧松毛的方式，虽非唯一途径，却是一条似乎可以通往圣境的道路。

阳明先生的身体需要调养，一路见到的生灵涂炭，也加剧了他内心的迷茫。阳明先生回京后深夜挑灯读五经，父亲担心他的身体，让家人把他屋子里的照明之物悉数拿走。每次都是等父亲睡熟后，阳明先生又起来继续读书。后来，他又出现吐血的状况。

看来，是离开京城的时候了。

在京城，与阳明先生原来一起攻文雕赋的旧友们仍然在以才名相互攀比追逐。在诗赋辞章方面，阳明先生也很有成就，具备响当当的名气。但是这个时候，那些在文字排列游戏里搭建的浮名对于他的志趣而言，已经味同嚼蜡。于是，他感叹："吾焉能以有限精神为无用之虚文也！"虽然有朋友为他感到惋惜，认为他这么好的基础和条件，"半途而废"岂不可惜！但是他们哪里能够懂得阳明先生心里的星辰大海呢？

弘治十五年（1502）八月，阳明先生请了一个悠长的病假。虽然不能去九华山"筑巢"，但是他可以回到老家找个类似的地方——筑室阳明洞。阳明洞天是道教三十六洞天的第十一处，虽然比不得九华山那样"矫矫兮"的雄浑磅礴，但其晨气暮云，也足够清幽。

阳明先生在这里到底待了多久，历来有不同的说法，我们先看一下束景南先生的《王阳明年谱长编》里的资料：一五〇二年（也就是弘治十五年）九月，"归至绍兴，筑室阳明洞中。""一五〇三年（弘治十六年）二月，以为'簸弄精神，非道'……移疾钱塘。三月，至钱塘，居南屏……"再看耿定向《新建侯文成王先生世家》中的文字："壬戌（弘治十五年）秋，请告归越，年三十二（应为三十一）。究心二氏之学，筑洞阳明麓，日夕勤修……”

　　这样算来，阳明先生在阳明洞天的时间不长，半年左右。在这段时间里，他主要做怎样的修炼呢？在钱德洪所著的《年谱》里只用了四个字来描述："行导引术。"练到了什么程度呢？《年谱》里的记载是："久之遂先知。一日，坐洞中，友人王思舆等四人来访。方出五云门，先生即命仆迎之，且历语其来迹。仆遇诸途，与语良合。众惊异，以为得道。"

　　这是一段极具传奇性的记录，有人认为荒谬，有人坚信不疑。其实类似的记载，在其他的地方也能找到。例如在《河南程氏遗书》第十二卷里面，记载这样一件事：

　　一天，程颐要去嵩山见董五经，他刚出发，董五经就开始准备起来。两人在中途相遇，董五经就对他表示已经"恭候多时"。程颐非常吃惊：为何我并未告知，董先生却提前知晓我的行程？董五经说："先生欲来，信息甚大。"

　　这个怎么理解呢？这个"信息"指的是什么？程颐如何"编码"且"发出"这个信息，董五经又是如何"接收"和"解码"的呢？

　　关于这件事，研究"精神哲学"的著名人物徐梵澄先生有这样的表述：如程子要看董氏，发此心思意念，当然不只是浮光掠影的一念而已，必定是有了种种心思准备、计划，这如同发出了一电报，而董五经感应到了，所以说"信息甚大"。

　　这看似玄妙的提法，到底如何理解？我们找到陈来先生相关的文字，引录于此：

> 孟子所谓"浩然之气"。"以直养而无害，则塞于天地之间"，正是描写此知觉性之遍漫，充塞宇宙。由此一中心发出的信息，很易传达到另一中心点，穿过那另一氛围而注入其前方知觉性中。譬喻说，同此一水，一波传到另一波，造成了相同的震动。当然，这程序还牵涉"意念"——在其高度与常度则为"志"——的问题，颇为复杂。心思知觉性之所在，即有生命力在其间，故曰"志至焉，气次焉"。"次"是停止，即许书之"不前"义，居止于其处，居副，居第二位。倘此力强，如程子要看董氏，发此心思意念，当然不只是浮光掠影的一念而已，必定是有了种种心思准备、计划，这如同发出了一电报，而董五经感到了，所以说"信息甚大"。于董氏如此，于王子真亦如此，皆属真实。用现代话语说，这便是精神经验。——这是颇含混的通称。这依乎两人的心境或说知觉性的境界……

徐氏（徐梵澄）把孟子所说的浩然之气的充塞，解说为知觉性的充塞遍漫，这就把浩然正气解说为一种知觉精神了。其次，他认为知觉性的遍漫也是信息的扩散，是一个信息传导的过程，是由一个中心发出信息而传达至另一个中心的过程。而这种传导便造成了彼此知觉性的相感共振，这就是感应或感通。这是一种接近于王阳明万物一体感应论的说法。这是用知觉性解释宇宙的"相感"。

　　同时他也用知觉性的感通来说明人的"先知"，因为王阳明早年在会稽山修道曾有前知的经验。上面一段里提到的程子评论先知事，见《二程遗书》卷十八：

　　　　问："方外之士有人来看他，能先知者，有诸？"因问王子真事。陈本注云："伊川一日入嵩山，王佺已候于松下。问何以知之？曰：去年已有消息来矣。盖先生前一年尝欲往，以事而止。"曰："有之。向见嵩山董五经能如此。"问："何以能尔？"曰："只是心静，静而后能照。"

另见《二程外书》：

　　　　王子真期来洛中，居于刘寿臣园亭中。一日，出谓园丁曰："或人来寻，慎勿言我所向。"是日，富韩公来见焉，不遇而还。子真晚归。又一日，忽戒洒扫。又于刘丐茶二杯，炷香以待。是日，伊川来。款语终日，盖初未尝凤告也。刘诘之。子真曰："正叔欲来，信息甚大。"又嵩山前有董五经，隐者也。伊川闻其名，谓其为穷经之士，特往造焉。董平日未尝出庵，是日不值。还至中途，遇一老人负茶果以归，且曰："君非程先生乎？"伊川异之。曰："先生欲来，

信息甚大。某特入城置少茶果，将以奉待也。"伊川以其诚
意，复与之同至其舍，语其款，亦无大过人者。但久不与
物接，心静而明也。先生问于伊川，伊川曰："静则自明也。"

以及陈来先生的相关阐述：

　　这是用知觉性境界解释前知一类的精神经验，认为这
也是基于不同个体知觉性的相感。一个中心的知觉性其信
息可以穿过种种氛围而注入前方另一知觉性中，而感受到
另一中心发出的知觉性信息，便是一种精神经验。尤其是，
徐氏拈出"信息甚大"一语，以强调此种精神经验的真实，
颇值得现代人玩味。

　　　　（陈来《精神哲学与知觉性理论——徐梵澄心学思想述论》）

　　陈来先生是研究阳明心学的大家，也是非常知名的学者，
他的解读，耐人寻味……
　　接下来，我们再看来自王龙溪《悟说》的这段文字：

　　先师之学……自谓尝于静中，内照形躯如水晶宫，忘
己忘物，忘天忘地，与空虚同体。光耀神奇，恍惚变幻，
似欲言而忘其所以言，乃真境象也。

其《悟说》一文还论述了体悟本心的功夫次第：

　　君子之学，贵于得悟，悟门不开，无以征学。入悟有三：有从言而入者，有从静坐而入者，有从人情事变练习而入者。得于言者，谓之解悟，触发印正，未离言铨，譬之门外之宝，非己家珍；得于静坐者，谓之证悟，收摄保聚，犹有待于境，譬之浊水初澄，浊根尚在，才遇风波，易于淆动；得于练习者，谓之彻悟，摩砻锻炼，左右逢源，譬之湛体冷然，本来晶莹，愈震荡愈凝寂，不可得而澄淆也。根有大小，故蔽有浅深，而学有难易，及其成功一也。夫悟与迷对，不迷所以为悟也。百姓日用而不知，迷也；贤人日用而知，悟也；圣人亦日用而不知，忘也。学至于忘，悟其几矣乎！

通篇来看，阳明先生在阳明洞天已进入“证悟”阶段无疑，也许还不仅仅止于此。

那么，这段时间里，阳明先生终日修炼的到底是什么功夫？相信你也会很感兴趣，区区“行导引术”四个字不能满足我们的好奇心。于是有很多人在找寻这个答案。束景南先生在其著作《王阳明年谱长编》中的描述是：阳明先生练习的是尹真人所授的真空练形法。至于到底练的是什么，似乎已不那么重要，因为龙场悟道之后，阳明先生明确表达：以往错用二十年功夫，此后便已经归复圣学。之前凡此种种，已经不必深究。此外，人以群分，从常与阳明先生往来的"道友"之风貌上，也大致可以见得阳明先生当时的境界和志趣。

在阳明洞天的那段时光里，文字记载里常常出现的人物有两位，一位是王文辕，又称作黄舆子；还有一位就是许璋。《万历绍兴府志》里面的《许璋传》和《王文辕传》有对这两位人物的记载。

《许璋传》里面有这样的描述：

> 王文成公（阳明先生谥号"文成"）初养疴阳明洞，唯与璋辈一二山人兀坐终日，或共参道妙，互有资益……正德中，与文成游，尝西指曰："帝星今在楚，数年后，君自见。"（正德皇帝朱厚照死后，来自楚地的藩王朱厚熜继任皇位）璋殁后，文成题其墓曰"处士许璋之墓"。

《王文辕传》里面有这样的描述：

> 文成领南、赣之命，文辕语其门人曰："阳明此行，必立事功。"问其故，曰："吾触之不动矣。"文成讲学多讪之者，叹曰："安得王司舆（王文辕，字司舆）复作乎？"

从中可以看出，这两位皆是仙风道骨的得道高人，并非凡夫俗子。阳明先生与他们彼此相知，很默契，自是惺惺相惜。

在束景南先生的《王阳明年谱长编》中，关于弘治十五年，有这样的考证：十二月，岁暮阳明洞中修炼，思念亲人，与黄舆子有诗韵唱酬。标题是《阳明乡思二首（次韵答黄舆）》，如下：

其　一

百事支离力不禁，一官栖息病相寻（侵）。
星辰魏阙江湖迥，松竹（柏）茅茨岁月深。
合（欲）倚黄精消白发，由来空谷有余音。
曲肱已醒浮云梦，荷蒉休疑击磬心。

其　二

独夜残灯梦未成，萧萧竹窗（总是）故园声。
草深石径鼪鼯啸（笑），雪静空山猿鹤惊。
漫有缄书招（怀）旧侣，常牵缨冕负初情。
云溪漠漠春风转，紫菌黄芝又日生（黄花又自生）。

（端方《壬寅消夏录王阳明诗真迹卷》，真迹见《中华文物集萃清玩雅集收藏展Ⅱ》，鸿禧美术馆，括号内是《王阳明全集》里的原文。）

后文有一个非常关键的《按》，我们摘录如下：

　　按：《王阳明全集》卷二十有《冬夜偶书》，即此诗一，作在正德九年在南京时；又有《夜坐偶怀故山》，即此诗二，作在正德十三年在赣时。二诗分居两处，作年不同，隐去"次韵答黄舆"真相，全不可信。如正德九年五月阳明升南京鸿胪寺卿，方仕途得意之时，其在南都任职，与诗一所云"星辰魏阙江湖迥，松柏茅茨岁月深""曲肱已醒浮云梦，荷蒉休疑击磬心"全然不合。又正德十三年阳明在赣平寇，未暇宁居，与诗二所云"草深石径麏麚啸，雪静空山猿鹤惊"尤不合。今以此《乡思》真迹考之：按"黄舆"即黄舆子王文辕，乃阳明在阳明洞中修炼导引时常来谈道论仙之"道友"。所谓"一官栖息病相寻"，显指阳明弘治十五年告病归越于阳明洞养疴之时，"草深石屋"者，即阳明洞也。"合倚黄精消白发""紫菌黄芝日又生"，皆指阳明在阳明洞中导引养生。"漫有缄书招旧侣"，即指招王文辕、许璋诸道侣。《思乡》者，即指阳明在阳明洞中离世修炼思念亲人祖母岑氏、父龙山王华也。钱德洪所著《年谱》："一日，坐洞中，友人王思舆等四人来访。方出五云门，先生即命仆迎之，且历语其来迹。仆遇诸途，与语良合。众惊异，以为得道。久之，悟曰：'此簸弄精神，非道也'，又屏去。已而静久，思离世远去，惟祖母岑与龙山公在念，因循未决。久之，又忽悟曰：'此念生于孩提。此念可去，是断灭种性矣。'……"

这段文字里面有"全不可信"这样的说法，似乎有点儿过于绝对，但确实有相当大的合理成分。也许这两首诗是写阳明先生在南京鸿胪时期、赣州军旅岁月，也不耽误"次韵答黄舆"。"次韵答黄舆"不等同于就必须写在阳明洞静修那段时光，但是有一点确实是明确的：即便已经到了可以"前知"的奇妙境界，阳明先生却并未感到"得之于心"，这种光景不是他想要的"圣"之境界，他认为这仅仅是"簸弄精神"，"非道也"，不是他要找寻的大道。

更重要的一点是，他觉得如果自己只是躲在一个清静的地方，即便获得再奇异的感受，也算不得成就。因为，人如果逃脱了与生俱来的本性和责任，也就断绝了秉承于天的"种性"，那么内心清晰的不安感会时时侵扰自己。虽然他还没有找到成圣之道，但是他知道，这种"簸弄精神"的感受即便再玄妙，也绝不是天地至道。

现在，我们回头讲解阳明先生"问道九华山"期间，在《九华山赋》里留下的那个悬念：

> 乱曰：蓬壶之巍巍兮，列仙之所逃兮。九华之娇娇兮，吾将于此巢兮。匪尘心之足搅兮，念鞠育之劬劳兮。苟初心之可绍兮，永矢弗挠兮！

这段话究竟何所指？阳明先生内心流露出怎样的矛盾和困

惑？要在矫矫之九华筑巢，而似逃遁之列仙，是至道吗？世间之尘事并不能搅乱他的心，但是有一点却无法割舍，那就是"鞠育之劬劳"，父母含辛茹苦的养育之恩不能割舍，这也就阻断了阳明先生"心安理得"地逃遁归隐的可能。

那么，如何才能使得"初心"不断，心安不动且"永矢弗挠"呢？

他在九华山上遇到的困惑，想必是期望能在阳明洞天筑室修炼中找到答案，可是即便已经修炼到可以"前知"的境界，这个初心仍然无法"可绍"，依旧无法做到"弗挠"。恰似他当初放下诗赋时候的决绝："焉能以有限精神为无用之虚文"，"精神"本自有限，何能"籔弄"得！

别了，阳明洞！阳明先生离开静修之地，再次踏入人间，继续向彻悟的终点进发。虽然在前路等待他的是极大的挫折，但这一切都是最好的安排！

按王龙溪的论述来看，在阳明洞修炼这段时光，阳明先生虽未完全打通成圣之路，但是却非常完整地完成了"证悟"这一步。所以，如果龙场悟道是一道门，那么问道九华山就是第一级台阶，筑室阳明洞是第二级台阶。走过这两级台阶，不久的将来，阳明先生便要迈向龙场这道神圣的大门！

经纶之志再入世

离开阳明洞时，阳明先生旧疾尚未痊愈，所以他到西湖继续调养。西湖边有很多寺院，例如南屏、虎跑，成了他时常光顾的地方。湛甘泉在为阳明先生写的墓志铭中提及"五溺"——任侠、骑射、辞章、神仙、佛氏——到这个时候，已经慢慢消散，恰似黎明前那一段混沌的迷蒙，长夜虽然还未完全散尽，但是初升的曙光正一步步显露。

这一小段时间内有一个广为人知的故事。一天，阳明先生在一座寺庙内遇到一个坐关的和尚，三年不睁眼看，不开口说。于是，先生大喝一声："这和尚终日口巴巴说什么？终日眼睁睁看什么？"和尚"惊起，即开视对语"。先生问其家。对曰："有母在。"曰："起念否？"对曰："不能不起。"先生即指爱亲本性谕之，僧涕泣谢。明日问之，僧已去矣。

在邹谦之《王阳明先生图谱》里面，除了上面的相似文字之外，还有这样一段："此念，人之种性。若果可断，寂灭种性矣。吾儒与二氏毫厘之异止在此。"阳明先生用了佛家的机锋，效果非常好。这件事看似不大，但是却可以透视出三个关键点：

其一，表象上看，父母家人，断然不可以抛掷一边而自求清净；其更深刻的秘密在《传习录》里面有这样的表述——"发端处"，也就是如果断了这一点，所谓"寂灭种性"，也就失掉了"万物一体"的可能。关于这一点，我们后文会讲。

其二，阳明先生已经非常有把握，这个感受是切身体悟出来的。所以面对一个已然三年不视不听的、下这么深功夫的和尚，他敢如此"贸然"地断喝。

其三，阳明先生"渐悟二氏之非"，其轨道逐渐切向儒学。

阳明先生的身体恢复了健康。那种以隐修而入圣的想法，已经被洗荡得所剩无几。他内心最深处的"圣，"不是自顾自的隐逸，而是闪着内圣外王完满之光的"圣"！

朋友讲习，不亦乐乎

　　阳明先生回归尘世的第一个任务，是远赴山东，主考弘治十七年（1504）的山东乡试。为国家遴选贤能，而且是在孔孟故里，意义非同寻常。阳明先生对儒学兴起地的亲近，以及登临泰山的体验，使得他对儒家家国天下、内圣外王的情怀，体会愈深。

　　此次山东乡试，阳明先生作为主考官，主导圈定的解元是穆孔晖。次年，弘治十八年会试，脱颖而出的众多人物中就有这个穆孔晖，还有更重要的名字：方献夫、湛甘泉，还有郑一初（《传习录》上卷里的郑朝朔）、郑善夫、张邦奇、陆深、顾应祥（惟贤）、陈鼎等人。除了湛甘泉，都成了王门第一批问学的人。《年谱》记载："是年，先生门人始进。"

有"门人"来问学，阳明先生主要讲什么呢？"学者溺于辞章记诵，不复知有身心之学。先生首倡言之，使人先立必为圣人之志！"你看，阳明先生心心念念的是成圣，要学生们追求的也是如此，矢志不渝。

钱德洪在《年谱》里有这样的描述："闻者渐觉兴起，有愿执贽及门者。至是专志授徒讲学。"这有非常重要的意义。阳明先生一生讲学之旅，这里是其起点。

还有另外一层意义需要单独讲一下："然师友之道久废，咸目以为立异好名。惟甘泉湛先生若水时为翰林庶吉士。一见定交，以共倡明圣学为事！"阳明先生生命中最重要的"道友"出现了，他就是湛甘泉。两人一见如故，倾心定交，盟约共倡圣学！这是一个标志性的事件，从这之后，阳明先生正式踏上了归复圣学的路，再没有偏离过。

《论语·颜渊》曰："君子以文会友，以友辅仁。"《易经·兑卦》的象辞说："君子以朋友讲习。"借着阳明先生与湛甘泉相识的契机，我们看一下阳明先生对朋友之道的看法，这些看法对我们极有裨益。我们看下面这些取自《传习录》的文字：

> 处朋友，务相下，则得益，相上则损。
>
> 大凡朋友须箴规指摘处少，诱掖奖劝意多，方是。
>
> 与朋友论学，须委曲谦下，宽以居之。

凡今天下之论议我者，苟能取以为善，皆是砥砺切磋我也，则在我无非警惕修省进德之地矣。昔人谓攻吾之短者是吾师，师又可恶乎？

朋友这个极其重要的角色，在每个人生命中承当的使命是什么？只是苦难时候相互扶持，快乐时候相互分享吗？除了这些，还有更深的意蕴。《易经·兑卦》所说的"君子以朋友讲习"，这个"讲习"讲的是什么，习的又是什么？

为了讲这一点，我们把话题扩展得稍微开阔一些。先看"半部"即可以治天下的《论语》，其第一条是："子曰：学而时习之，不亦说乎？有朋自远方来，不亦乐乎？人不知而不愠，不亦君子乎？"（《论语·学而》）这条我们都非常熟悉。这第一句到底要说什么？应该不是"学习要时常（或者及时）复习，你就会很快乐"的意思。这么厉害的《论语》应该不会在第一篇第一句就这么浅显。

我们看《传习录》里面与这点有关的一条：

子仁问："'学而时习之，不亦说乎？'先儒以学为效先觉之所为。如何？"先生曰："学是学去人欲，存天理。从事于去人欲存天理，则自正诸先觉，考诸古训。自下许多问辨思索、存省克治工夫。然不过欲去此心之人欲，存吾心之天理耳。若曰效先觉之所为，则只说得学中一件事。

亦似专求诸外了。'时习'者，'坐如尸'，非专习坐也。坐时习此心也。'立如斋'，非专习立也。立时习此心也。'说'是'理义之说我心'之'说'。人心本自说理义。如目本说色，耳本说声。惟为人欲所蔽所累，始有不说。今人欲日去，则理义日洽浃。安得不说？"

这条里所讲的内容非常丰富：存天理、去人欲、习、说（悦）……都是心学非常核心的概念，我们后文会陆陆续续涉及。通过这段引文，我们会发现，阳明先生的解释非常不同。在《传习录》里面有这样一段阳明先生和薛侃之间的对话：

先生曰："人须是知学……"
曰："何谓知学？"
曰："且道为何而学？学个甚？"
曰："尝闻先生教，学是学存天理。"

阳明先生的这个"学"是学"存天理"。天理，也就是阳明先生求圣之路上一直在苦苦寻求的东西，是指导人生行走方向的终极法则。

那"习"是什么？

"时习"者，"坐如尸"，非专习坐也。坐时习此心也。"立如斋"，非专习立也。立时习此心也。

可见阳明先生的"习"是习此心也。我在这里不过多展开，因为"心"与"天理"之间的关系，是后文"龙场悟道"的关键点，到时再细论。在这里，我们只是要搞清楚"学而时习之"在阳明先生的解读里，"学"什么，"习"什么？把这讲通了，就可以接续上"君子以朋友讲习"了。讲什么，习什么，自然了然。

阳明先生开门授徒，发觉"学者溺于辞章记诵，不复知有身心之学"，于是"首倡言之，使人先立必为圣人之志！"人若能有必为圣人之志，那么自然晓得，得乎天理方为人生第一等事！这也是人生第一乐事！所以，朋友之间交往更大的意义在于践行君子之道的相互"讲习"，讲者讲此道，习者习此道。阳明先生和甘泉先生的"共倡圣学"，即非常清晰地诠释了这一点。由此，我们也就能够明白，为什么"有朋自远方来，不亦乐乎"。

谦谦君子，谦逊相下，彼此砥砺，共赴圣道！人生得一如此知己，何等快哉！若能了然这朋友之道，又何愁前路无知己？

启程前夜

明孝宗在位期间，大明王朝处于一个相对繁荣的状态，被称作"弘治中兴"。可惜孝宗朱祐樘三十六岁即驾崩，把权力抛给了十六岁的朱厚照，也就是在明朝历史上干出了很多荒唐事的武宗皇帝。

在即位的最初几年，朱厚照最突出的问题是将权柄交付给了以刘瑾为首的马永成、丘聚、谷大用、张永、魏彬、高凤、罗祥等八人宦官集团（时称"八虎"）。这些人一边满足私利，胡作非为，一边极力麻痹皇帝，想着各种办法诱纵朱厚照沉迷享乐。"八虎作乱"的时间从朱厚照登基始，前后持续五年左右。其间"八虎"的权柄逐渐集中在刘瑾一人手中，他慢慢变成了所有人的敌人。文官集团被他害得牙根儿痒痒，其他宦官沦为陪衬，更重要的是，朱厚照也明显感受到了来自这个跋扈太监的掣肘，甚至被架空的危机。最终，刘瑾被杨一清和"八虎"之一的张永联手拉下马，凌迟处死。

刘瑾从得势到落马的这段时间，是阳明先生面临巨大人生挫折和困顿的时光；同时，也正是在这段岁月里，他迎来了中国人生哲学史上极为高光的时刻——龙场悟道。这段沉甸甸的岁月，无论如何都无法一带而过，虽然不需要事无巨细，但是该提到的要事，会尽量讲到。

有刘瑾这样的奸佞，就会有铁骨铮铮的义士站出来与之战斗，历史从来都是如此。正义也许会迟到，但是从不缺席。首先是北京的京官们，以三位顾命大臣李东阳、刘健和谢迁为首的文官集团，斗争的行动此起彼伏、前赴后继，过程可谓一波三折，但是最后失败了，且刘健和谢迁去职罢归。

北京这边没了大动静，南京这边又有新人登场。来自南京的科道言官以及监察御史开始痛陈刘瑾乱政，试图力挽狂澜。在众多不顾生死力谏的官员中，有几位需要提一下。《年谱》中提及的是戴铣和薄彦徽，一位是六科给事中，另一位是监察御史。他们的诉求很清晰：顾命大臣不可以"罢归"，奸佞小人不可以祸乱君侧！

《明史·戴铣传》中对这段历史有描述，最后有这样的文字："帝怒，逮系诏狱，廷杖除名。铣创甚，遂卒。"在这段文字记载中，戴铣等人主要诉求是不可以让刘健、谢迁离职，同时弹劾中官高凤，并没有直接针对刘瑾进行攻击。但是，刘、谢二人作为元老一直在非常激烈地主张铲除刘瑾等"八虎"，所以，刘瑾对于挽留刘、谢的戴铣等人，恨之入骨，欲除之而后快。

当时南京冒死上疏劝谏的官员有三十多人，还有一位也非常典型，就是御史蒋钦。他直接针对刘瑾，被打得皮开肉绽、死去活来，仍然上疏力谏不止，甚至说："急诛瑾以谢天下，然后杀臣以谢瑾！"杀了刘瑾，是为国家，我毫无私念掺杂，愿意把自己的命也拿出来以表赤诚忠心，请陛下不要犹疑！

刘瑾再次獠牙毕现，蒋钦被折磨惨死。

血雨腥风弥漫京城，人人不敢言及此事，避之唯恐不及。就在这样的氛围里，阳明先生却站出来说话了。他给正德皇帝呈上了一封《乞宥言官去权奸以章圣德疏》：

> 臣闻"君仁则臣直"。大舜之所以圣，以能隐恶而扬善也。臣迩者窃见陛下以南京户科给事中戴铣等上言时事，特敕锦衣卫差官校拿解赴京。臣不知所言之当理与否，意其间必有触冒忌讳，上干雷霆之怒者。但以铣等职居谏司，以言为责。其言而善，自宜嘉纳施行；如其未善，亦宜包容隐覆，以开忠谠之路。乃今赫然下令，远事拘囚，在陛下之心，不过少示惩创，使其后日不敢轻率妄有论列，非果有意怒绝之也。下民无知，妄生疑惧，臣切惜之！

> 今在廷之臣，莫不以此举为非宜，然而莫敢为陛下言者，岂其无忧国爱君之心哉？惧陛下复以罪铣等者罪之，则非惟无补于国事，而徒足以增陛下之过举耳。然则自是而后，虽有上关宗社危疑不制之事，陛下孰从而闻之？陛

下聪明超绝，苟念及此，宁不寒心！况今天时冻冱，万一差去官校督束过严，铣等在道或致失所，遂填沟壑，使陛下有杀谏臣之名，兴群臣纷纷之议，其时陛下必将追咎左右莫有言者，则既晚矣。伏愿陛下追收前旨，使铣等仍旧供职，扩大公无我之仁，明改过不吝之勇。圣德昭布远迩，人民胥悦，岂不休哉！

臣又惟君者，元首也；臣者，耳目手足也。陛下思耳目之不可使壅塞，手足之不可使痿痹，必将恻然而有所不忍。臣承乏下僚，僭言实罪。伏睹陛下明旨，有"政事得失，许诸人直言无隐"之条，故敢昧死为陛下一言。伏惟俯垂宥察，不胜干冒战栗之至！

虽然奏疏正文并无直指刘瑾的言辞，但是标题内赫然有"去权奸"的字样，恐怕刘瑾看了会感到非常刺眼。内文明确提及"莫敢为陛下言者"，到这个时候，已经没人敢发声了，但是阳明先生坐不住，他要振臂一呼。这一呼声给他带来了什么？

首先，阳明先生迎来的是四十廷杖。《年谱》里用了四个字："既绝复甦。""甦"这个字的意思，就是死过去了，后来又渐渐苏醒。这个"廷杖"威力之大自不必讲，一根实心的巨大木棍狠狠击打臀部和腰部，几十甚至上百次后，过不了鬼门关，直接一命呜呼的，比比皆是。阳明先生大难不死，还有更伟大的使命等他去完成。然后，他被下锦衣卫诏狱。"锦衣卫"这三个字代表什么都无需多讲，它的"诏狱"当然不是一般的地方。他在狱中效仿文王，让自己沉浸在《易经》里，虽然煎熬，但精神自由。还有，等待他的，是一场奔赴远在天边史诗般的旅程，将引领他走向那在大明王朝地图上几乎难以标记的蛮荒之地——龙场。在这里，阳明心学正式创立的标志性事件"龙场悟道"，即将发生。

前路未知的旅程

阳明先生去龙场不是"流放"，而是"贬谪"。这有本质不同，所以他不需要被"押解"，也没有严苛的到任期限，同时，他可以带上仆从。所以，阳明先生获得"任命"之后，先要回一趟老家，省亲同时也调养一下身体。

阳明先生从北京出发，沿着京杭运河一路南下。这一路上，他的内心会有怎样的波澜？成圣愿望如何如火焰般燃烧？日升月落，他那颗敏锐的心必然是在煎熬和苦苦思考中度过的。

正值浙江乡试之时，船到了钱塘，阳明先生遇到了一些相熟的读书人，其中有他真正意义上的第一个弟子徐爱。在这个地方，他做了短暂的逗留。也就在这，刘瑾派出的杀手尾随而至。阳明先生演了一出金蝉脱壳的戏，佯装投水自尽，然后远游武夷山。

　　有人做了很细密的分析，认为阳明先生要再一次隐遁。我倒不这么认为，从阳明洞天的决然离去，到大义凛然直面奸佞刘瑾，再到狱中的坦然，这个时候，阳明先生没有隐遁的可能。他的内心必然是挣扎的，挣扎的原因，是即将找到成圣答案的前夜那种深刻的迷茫。但是这种挣扎不会用隐遁来解决，因为他早已经了然，隐遁是逃避，不是答案。

　　他要去一趟武夷山，并非像当年在九华山上那样想要"于此巢"，他只是要散散心，放空一下自己，在山水之间流连一番，但不会忘返。他在武夷山转了一圈儿，在父亲生日前赶回。之后，他拜别父亲，打点行囊，继续前行，奔向那个答案即将水落石出的地方！

　　束景南先生的《王阳明年谱长编》对其远赴龙场的路线有详尽记载，并且匹配了很多诗句，我们引用于此，并加了一些讲解，给大家描画一下阳明先生西行龙场的路线以及沿途心境：

　　正德三年（1508），阳明先生三十七岁。

　　正月初一，阳明先生启程。好友小野倪宗正赋诗《送王阳明谪龙场》送行：

　　　　一凤鸣初日，悠悠别上林。

　　　　流离文士命，慷慨逐臣心。

　　　　但得精神健，何忧瘴疠侵。

风华长满日，应不废清吟。

经开化，宿江西草萍驿，阳明先生有诗《草萍驿次林见素韵奉寄》：

> 山行风雪瘦能当，会喜江花照野航。
> 本与宦途成懒散，颇因诗景受闲忙。
> 乡心草色春同远，客鬓松梢晚更苍。
> 料得烟霞终有分，未须连夜梦溪堂。

经玉山，游东岳庙，遇故交严星士，有诗《玉山东岳庙遇旧识严星士》：

> 忆昨东归亭下路，数峰箫管隔秋云。
> 肩舆欲到妨多事，鼓枻重来会有云。
> 春夜绝怜灯节近，溪声最好月中闻。
> 行藏无用君平卜，请看沙边鸥鹭群。

元宵节至广信，有诗《广信元夕蒋太守舟中夜话》：

> 楼台灯火水西东，箫鼓星桥渡碧空。
> 何处忽谈尘世外，百年惟此月明中。

客途孤寂浑常事，远地相求见古风。

别后新诗如不惜，衡南今亦有飞鸿。

经南昌，泊石亭寺，有诗《夜泊石亭寺用韵呈陈娄诸公因寄储柴墟都宪及乔白岩太常诸友》：

廿年不到石亭寺，惟有西山只旧青。

白拂挂墙僧已去，红兰照水客重经。

沙村远树凝春望，江雨孤篷入夜听。

何处故人还笑语，东风啼鸟梦初醒。

这"廿年"指的是阳明先生十七岁时来南昌成婚，此刻三十七岁，弹指一挥间，二十年已经逝去。故人音容何在？当年翩翩少年，此刻已至中年；当年意气风发，此刻宦途凄落。如何不叫人感叹！

二月，经分宜，有《杂诗三首》，选其一：

危栈断我前，猛虎尾我后。

倒崖落我左，绝壑临我右。

我足复荆榛，雨雪更纷骤。

邈然思古人，无闷聊自有。

无闷虽足珍，警惕忘尔守。

君观真宰意，匪薄亦良厚。

经袁州，游仰山，登宜春台。

经萍乡，谒濂溪祠，有诗《萍乡道中谒濂溪祠》：

木偶相沿恐未真，清辉亦复凛衣巾。

簿书曾屑乘田吏，俎豆犹存畏垒民。

碧水苍山俱过化，光风霁月自传神。

千年私淑心丧后，下拜春祠荐渚蘋。

前文我们讲过，九华山上的奇人曾经向阳明先生表达对周
濂溪的特别推崇。此刻，天涯行路人走到萍乡，在这个周濂溪
曾被贬谪的地方，同样的际遇，会否有跨越千年的神交？周濂
溪到萍乡，只是做个税监；孔子曾经担任乘田吏；阳明先生此
次赴任的官职是"龙场驿驿丞"；周濂溪和孔子，都是阳明先生
尊奉的圣人，他们且有职务卑微之任，自己可以借此获得慰藉
吧！"千年私淑"又是什么意思？"私淑"指的是未曾面受教
诲，但是敬仰遵从其学说且自认为其弟子的后学。阳明先生自
称"千年私淑"，意蕴深长。

入湖南，过醴陵，宿泗州寺，有诗《醴陵道中风雨夜宿泗
州寺次韵》：

　　风雨偏从险道尝，深泥没马陷车箱。

　　虚传鸟路通巴蜀，岂必羊肠在太行。

　　远渡渐看连暝色，晚霞会喜见朝阳。

　　水南昏黑投僧寺，还理羲编坐夜长。

　　前路漫漫，道阻且长。"连暝""昏黑""夜长"，夜坐"理羲编"，何时见"朝阳"？

　　至长沙，留宿八日，友人陪同游岳麓书院；又于潇湘遇澹然子，作《澹然子序》：

　　澹然子四易其号：其始曰凝秀，次曰完斋，又次曰友葵，最后为澹然子。阳明子南迁，遇于潇湘之上，而语之故，且属诗焉，诗而序之。

　　其言曰："人，天地之心而五行之秀也。凝则形而生，散则游而变。道之不凝，虽生犹变。反身而诚，而道凝矣。故首之以'凝秀'。道凝于己，是为率性。率性而人道全，斯之谓'完'。故次之以'完斋'。完斋者，尽己之性也。尽己之性，而后能尽人之性，尽万物之性，至于草木，至矣。葵，草木之微者也，故次之以'友葵'。友葵，同于物也。内尽于己，而外同乎物，则一矣。一则吻然而天游，混然而神化，同归而殊途，一致而百虑，天下何思何虑矣。

故次之以"澹然子"终焉。

············

这篇《澹然子序》，几乎每一句都含蕴极深，当你把阳明心学的全貌看得比较清晰的时候，回过头再看，就会发现，这篇《序》里的文字，就像是一盘钻石，颗颗闪光……

过洞庭，作《吊屈平赋》，追思屈原以及自况。过沅江，至武陵，游桃源洞。

过溆浦，宿罗旧驿。过辰溪，宿沅水驿，有诗《沅水驿》：

> 辰阳南望接沅州，碧树林中古驿楼。
>
> 远客日怜风土异，空山惟见瘴云浮。
>
> 耶溪有信从谁问，楚水无情只自流。
>
> 却幸此身如野鹤，人间随地可淹留。

而后入贵州境内，过平溪卫、清平卫、兴隆卫；过平越卫，七盘。

三月上旬，阳明先生终于抵达龙场驿！这一次旅程非常遥远，说它"远"，不仅仅是路途的距离，更多的是距离乡关，越行越远；而且，什么时候回来，还回不回得来，皆未可知……

龙场，在今天贵州的修文县。当时那里有一个很破败的小驿站，究竟破败到什么程度，我们从阳明先生的《初至龙场无所止结草庵居之》可以大致看出来：

> 草庵不及肩，旅倦体方适。
>
> 开棘自成篱，土阶漫无级。
>
> 迎风亦萧疏，漏雨易补缉。
>
> 灵濑响朝湍，深林凝暮色。
>
> 群獠环聚讯，语庞意颇质。
>
> 鹿豕且同游，兹类犹人属。
>
> 污樽映瓦豆，尽醉不知夕。
>
> 缅怀黄唐化，略称茅茨迹。

龙
场
悟
道

如果说阳明先生惧怕龙场的艰苦环境，这肯定不成立。他的坚忍不至于被外物吓倒。但是，如果说他对眼前的一切无动于衷，也不能成立。毕竟他满腔的伟大抱负，需要一个施展的舞台。他心内的"圣"，如何在这荒山野岭里成就"莫负"的一生？

他的困顿和迷惘非但没有减轻，反而更生沮意。如果在途中有迷茫存在，毕竟前路还有想象空间可以慰藉自己，但是到了这里，不能再前进了，就到这里了，想象空间也戛然而止。

时空在龙场展现得很糟糕，一切都很糟糕……所以才有那句拷问灵魂的话：

圣人处此，更有何道？

其实，这句应该倒过来问，阳明先生想问的并非是这么糟糕的环境和际遇，如果是圣人遇到了，解决的办法是什么。一切已然如是，但是阳明先生成圣的伟大理想并未熄灭！他其实要问的是：面对此情此景仍要成圣，答案究竟在哪里？能够从容应对这样境遇的"圣"究竟是什么样子？

阳明先生对"成圣"之志的追寻，已经持续了二十五年。这二十五年的一遭遭、一幕幕，恍如昨日！他已经走了几万里路，既是人间路，也是心路，一程又一程，一幕又一幕，恰似眼前！

"寄语峰头双白鹤，野夫终不久龙场！"此情此景，此生此境，"圣人有何道"？成圣之道，就要在这龙场被找出来！这二十五年的求索，就要在这龙场找到答案！这二十五年的生根发芽，生干生枝，寒暑更替，四季轮转，烈日骤雨，寒风暖阳……就要在这龙场，鲜花怒放，结成硕果！

在龙场的这段岁月，发生了很多事情。我们不需要把细碎的事情逐一描绘，我们只审视那些与悟道相关的脉络。再打开钱德洪所著的《年谱》，看这段记载：

> 先生始悟格物致知。龙场在贵州西北万山丛棘中，蛇虺魍魉，蛊毒瘴疠，与居夷人鴃舌难语，可通语者，皆中土亡命。旧无居，始教之范土架木以居。时瑾憾未已，自计得失荣辱皆能超脱，惟生死一念尚觉未化，乃为石墩自誓曰："吾惟俟命而已！"日夜端居澄默，以求静一；久之，胸中洒洒。而从者皆病，自析薪取水，作糜饲之；又恐其

怀抑郁，则与歌诗；又不悦，复调越曲，杂以诙笑，始能忘其为疾病夷狄患难也。因念："圣人处此，更有何道？"忽中夜大悟格物致知之旨，寤寐中若有人语之者，不觉呼跃，从者皆惊。始知圣人之道，吾性自足，向之求理于事物者，误也。乃以默记《五经》之言证之，莫不吻合。因著《五经臆说》。居久，夷人亦日来亲狎。以所居湫湿，乃伐木构龙冈书院及寅宾堂、何陋轩、君子亭、玩易窝以居之。思州守遣人至驿，侮先生，诸夷不平，共殴辱之。守大怒，言诸当道。毛宪副科令先生请谢，且谕以祸福。先生致书复之，守惭服。水西安宣慰闻先生名，使人馈米肉，给使令，既又重以金帛鞍马，俱辞不受。始朝廷议设卫于水西，既置城，已而中止，驿传尚存。安恶据其腹心，欲去之，以问先生。先生遗书析其不可，且申朝廷威信，令申议，遂寝。已而宋氏酋长有阿贾、阿札者叛。宋氏为地方患，先生复以书诋讽之。安悚然，率所部平其难，民赖以宁。

五百年来中国人生哲学的巅峰性标志事件——龙场悟道，在王门高第钱德洪呕心沥血撰写完成的阳明先生《年谱》里，不过就这些文字而已。看上去也没什么璀璨夺目的光芒，也没有什么绚烂华丽的辞藻，就这些吗？对，这些就够了。我们值得花很多很多精力和时间，来一点点拆解这段文字里面蕴含的真相。从悟得的角度，在这段文字里我们可以提炼这样两句话："忽中夜大悟格物致知之旨，寤寐中若有人语之者，不觉呼跃，从者皆惊。始知圣人之道，吾性自足，向之求理于事物者误也。"

讲阳明心学必然无法绕开龙场悟道，但是这龙场悟道究竟悟到的是什么，前因后果或者开悟的过程、细节是什么，却基本就是《年谱》里的只言片语，阳明先生自己的文字从无详述。所以，我们就要花很多思考在这里，尝试着揭开这件震天动地事件的面纱。

上面这两句话毫无疑问是整段文字的灵魂，但是其他部分也必然极其重要，惜字如金的《年谱》绝无可能在这么重要的事件里掺进去不必要的记述。

我们来梳理一下整段文字：

其一，龙场这地方环境确实很恶劣，至少对于阳明先生这样的外乡人，非常不宜居。

其二，阳明先生内心的苦闷有增无减，他备受折磨，对终极答案的探寻已经进入近乎白热化的程度，已然被置于死地，别无他事，唯有穷究天道到底何在！

其三，我们尝试着提出一个疑问。你仔细看这段文字："……日夜端居澄默，以求静一；久之，胸中洒洒。"如果这句话之后直接接上"忽中夜大悟格物致知之旨……"通不通顺？看上去挺通顺的对不对？为什么这样一个史诗级事件的记述中，要"夹杂"一段仆人生病的文字？有必要吗？是在反衬阳明先生唯独没有病倒是因为内心的强大吗？还是渲染阳明先生有爱心，劈柴煮饭伺候仆人？我们后面细说。

其四，大彻大悟，终于找到了大半生以来苦苦寻求的答案。

其五，与当地人融洽和谐。

其六，心中有尺度，不卑不亢应对太守的刁难。

其七，高屋建瓴地指导当地土司的生死大计。

这就是阳明先生龙场岁月中特别值得记录的七个点。

那一年（1508），先生三十七岁，也是他的本命年。一个属龙的人，龙年在龙场，如同一只龙在泥潭里一跃而起！

我们这本书要给大家讲阳明心学的三个"奥秘"，龙场悟道是第一个。我现在开始细细道来。第一点，其实我觉得不必太过于渲染，是不是因为如此恶劣的环境触发了阳明先生悟得了大道？如果我们认为环境起了关键作用，那就难免有失偏颇，避重就轻了。阳明先生内心的苦闷并非在龙场的环境艰难里生发出来，这个对大道苦苦的追寻，求而不得的状态，已经在他的内心翻腾了二十五年。只是他在今日今时这样的境地，或许命在旦夕；如果潦草结束此生，那么不能够寻得大道的遗憾，是无比痛苦的。在《答毛宪副书》一文中，阳明先生说"日有三死"，说的就是在这地方待着，每天不知道有多少次面临死亡的威胁。阳明先生著名的《瘗旅文》，被收录进《古文观止》，里面就记述了几位外乡人暴毙龙场的事，更加佐证了这个"蛇虺魍魉，蛊毒瘴疠"之地的凶险。

　　这世间绝大多数人不愿意死，背后是不甘和不舍。拥有的不愿意舍去，还没得到的很不甘心。阳明先生不愿意死是因为什么呢？

　　孔子说："朝闻道，夕死可矣。"什么意思？死不可惧，然而对生的渴求本自天性。生，无比重要，但是在"闻道"面前，死又何惧，有何不舍？凶险的环境并非是阳明先生苦闷的原因，苦闷的是生命随时可能戛然而止，但是苦苦寻找半生的"道"尚未"闻"得！阳明先生估计会反复吟哦"朝闻道，夕死可矣"，他会如何揣测孔子闻得的大道到底是什么？此时此地，此情此景，他多么渴望能够悟得这大道，闻得这大道！所以他才有那句叩击心门铿锵作响的追问："圣人处此，更有何道？"

　　道，在哪里？

　　龙场，似乎注定是一个不凡的所在。阳明先生半生求索，磕磕绊绊，在来此前夕彻底将人生跌入谷底。一身的豪情壮志，壮志未酬；一心的求圣信念，信念不灭！如此凶险的龙场，同时又如此清闲的龙场，虽然名为驿站，估计也没什么实质的工作要忙，门可罗雀，氤氲古道，荒草丛生；夕阳往复，悄不作声……

　　于是，著名的"活死人"在现实中上演。阳明先生为自己做了一个石头棺材，他已经放下荣辱得失，他要在这极端的所在把放不下的生死也放下！

《大学》里说："有所恐惧，则不得其正。"《传习录·答陆原静书》里有"是有意于求宁静，是以愈不宁静"。你越放不下，你越得不到……他日夜不知疲倦地在这里静坐，他想要的是终极答案。不成功，则成仁！不闻道，则灰飞烟灭！"久之，胸中洒洒……"

阳明先生在这极端的岁月、极端的天涯，以极端的修炼方式，极端地苦苦求索，终于，曙光渐露！

龙场悟道，虽然悟在龙场，但是其发端早在二十五年之前。虽然透彻天地的那一刻在龙场喷发，但是坎坎坷坷的累积，都来自这半生的跋涉。恰似竹子那漫长的酝酿，悄无声息的凝聚，在恰当的时刻，破土而出，飞速生长！恰似沉默的火山，汇聚许久的能量，在某一刻，喷薄而出，然后烈焰熊熊！阳明心学距离破土而出、喷薄而出，还差一步！

这如此关键的一步，到底是什么，又是怎么迈出来的？

我们先回到十九年前，阳明先生拜访娄一斋先生，得到的那句箴言是"圣人可学而至"，并且指出下手方向是"宋儒格物之学"；再回到十六年前，在京师那次著名的践行"格物之学"的"阳明格竹"……《大学》在宋代理学家的眼里极具价值，其间的"格物致知"之学是入圣之方，娄先生言之凿凿告知从"宋儒格物"的角度去"学"，成圣的目标"可至"。阳明先生格竹受挫之后，流连于佛道二氏，反复尝试，均未能抵达圣位。在这龙场的日日夜夜，阳明先生苦思冥想、反复推究，他势必会一遍一遍从头梳理，一次一次反复尝试。那么，重新揣摩娄先生透露的入圣"箴言"，重新审视"格物致知"的真意，必定是自然而然的事。

我们曾经说过，如果没有问道九华山，筑室阳明洞，就不会有龙场悟道，为什么这么说呢？

九华山之旅，攀悬崖，涉深谷，访仙问道，最有价值的是奇人的表达：因论最上乘，曰："周濂溪、程明道是儒家的两个好秀才。"当时，还在困惑中的阳明先生，应该不能完全领会这句话的深意，机缘尚未和合。到筑室阳明洞的时候，阳明先生修习到了"忘己忘物，与空虚同体"的境界。但是，仍然有一件事情放不下，一想起家人，这静极的"忘我"境界就会散失。这时，已具备了两个必备的条件，继续向众缘和合再进一步：

其一，真切体会到了忘"我"的感受。

其二，发现了一个关键的障碍，这也许是通往圣境的最后一道坎。

这"忘物忘我"、无物无我的境界，是不是苦苦寻求的圣境？似乎是，又似乎不是。说它是，阳明先生似乎已经感受到了天人无异、合而为一的境界；说它不是，是因为阳明先生的这种感受达不到坚若磐石，终始如一，只要从这种"静"态抽离，想到家人，马上会生起不安，做不到如静坐中一样的"定"。

到底怎么回事？通道到底在哪里？破解的方法到底在哪

里？周濂溪曾经在《太极图说》中说："圣人定之以中正仁义，而主静，立人极焉。"程明道说："所谓定者，动亦定，静亦定；无将迎，无内外。"周、程两位先生的话是打开"成圣"大门的钥匙吗？他们掌握着"最上乘"的法门吗？

我们重新审视朱熹先生为《大学》补充"缺失"了的"格物致知"：

> 所谓致知在格物者，言欲致吾之知，在即物而穷其理也。盖人心之灵莫不有知，而天下之物莫不有理。唯于理有未穷，故其知有不尽也，是以《大学》始教，必使学者即凡天下之物，莫不因其已知之理而益穷之，以求至乎其极。至于用力之久，而一旦豁然贯通焉，则众物之表里精粗无不到，而吾心之全体大用无不明矣。此谓物格，此谓知之至也。

这一百五十多个字，影响了不计其数的读书人。阳明先生认为这段文字沦埋了《大学》指给读书人的入圣之门。差之毫厘，谬以千里！阳明先生一直在追寻成圣理想的实现之道，娄一斋先生告诉他成圣这件事可以通过学习达成，方法就是宋代儒学家格物致知的路数。那么，宋代儒学家格物致知的路数是什么？这个"宋儒"的办法是不是就是朱熹先生格物致知的办法？这几个问题非常关键。

到底什么是"圣"？阳明先生内心的"圣"是什么样的？是时候进一步明晰"圣"的含义了。《传习录》里面有二百六十多个"圣"字，从这些"圣"里面，我们可以大致萃取出阳明先生心里对"圣"的定义。我们收集部分如下：

良知即是《易》，其为道也屡迁；变动不居，周流六虚，上下无常，刚柔相易，不可为典要，惟变所适。此知如何捉摸得？见得透时便是圣人。

圣人有忧之，是以推其天地万物一体之仁以教天下，使之皆有以克其私，去其蔽，以复其心体之同然。其教之大端，则尧、舜、禹之相授受，所谓"道心惟微，惟精惟一，允执厥中"……安此者谓之圣……

所以谓之圣，只论精一，不论多寡。只要此心纯乎天理处同，便同谓之圣。

圣人之心如明镜。只是一个明，则随感而应，无物不照。

驯至于美大圣神，亦只从此一念存养扩充去耳。

…………

《传习录》内关于"圣"的解读，看似多有差异，但是实际万变不离其心。就像《论语》里学生问"仁"，看上去夫子的回答各异，实际上皆统摄于"仁"之本然。

圣，就是"天人合一"。这个"天"是什么？就是"天理"。理又是什么？理，就是我们作为人在这世间行走所遵循的条理，亦即法则；顺之者枝繁叶茂，生生不息；逆之者枯萎倾倒，半死不活。

我们可以大胆想象，阳明先生心里对"成圣"的描绘：那是一种什么样的人生境界？它如此具有吸引力，可以让一个人百折不回、矢志不渝；它如此具有通透力，可以让人"稳当快乐"（阳明先生语）；它如此具有生命力，可以让人斗志昂扬，生生不息！

什么样的感觉是通透的，什么样的感觉是稳当的，什么样的感觉是快乐的，什么样的感觉是生生不息的？感觉这东西，没办法用语言描述，更不能靠记住别人的说教得来，它必须"得之于心"，也就是阳明先生反复强调的要"体当"，要真切地去感受。所以，"天理"到底找没找到，到底有没有入圣，只有自己知道。正是因为只有自己知道，所以无法欺骗自己。

对于阳明先生来说，有几个点很清楚，就是两个知道，一个不知道：还未入圣，自己知道；尝试过各样的状态不是圣，自己知道；如何才能入圣，不知道。

阳明先生第一次成圣机会的微光，大概是在娄一斋先生那里显露的。但是在格竹失败后，他觉得朱熹先生的格物致知路径大概率走不通，或许是自己力量不够，或许是这条路根本不对，总之没有结果。所以，才有他后面在兵法、辞章、二氏的漫游。"漫游"之"漫"就是还没有确定的方向，兜兜转转，没有这"得之于心"的真切感受，圣境未至。不过，有一点大概是没问题的，那就是对"天理"的理解。宋代的理学家心心念念研究和追逐的"理"就是"天理"。为什么叫"天理"呢？

我们人，作为天造地设的产物，在天地间行走，所思、所言、所行必然要有一个"条理"可供遵循。或者说，必然会有一个既定的"条理"来约束我们，恰似河水沿着河床和堤岸流动，否则岂不乱套？那这个条理是谁定的？不是你不是我，不是任何人，而是天造地设的，天定的。所以，称其为"天理"。找到这个天理，运用这个天理，就能够达到通透、稳当、真乐的境界！

天理到底在哪里？人间大道差不多被阳明先生都走了一遭。百验归来细思量，这么多年，非但没有找到入圣的大道，人生反而陷在了龙场这般泥淖里。怎么办？

经过九华山奇人的点化，经过阳明洞天的修炼和决绝离开，再有遇到知己湛甘泉后"共倡圣学"的砥砺，到了龙场，寻道的方向已然聚焦在儒家。儒家，当然就在四书五经里面转。在龙场，阳明先生端坐澄默，以求静一，并非坐禅空心，他在心里一遍遍摸索儒家经典中的奥秘，试图在经典中找寻入圣之门。我们有理由相信，阳明先生并非单单叩问《大学》。只是最后在《大学》里叩开了门！我们没有关于阳明先生"摸索"其他经典的文字记录，有的是当他推开门之后，用五经一一验证，无不吻合。

我们就从阳明先生"小扣柴扉"这一处，尝试着猜测一下：阳明先生在未能找到真正的门之前，在围墙外面继续徘徊的时候，重新回忆娄先生的教诲，回想九华山得到的箴言，回想和甘泉的切磋心得，比对着朱熹先生的解读，一段史诗般的思想实验在贵州偏远的龙场日日夜夜，在圣人成圣前夜的心间，反反复复地进行着。

前文讲到的朱熹对《大学》格物致知的补充，蕴含着一个关键点：这段文字里藏着找到天理的路径。但是，这里面指出的找寻天理的路，这几百年来，似乎没见到谁真正走通过。阳明先生七天七夜的苦苦求索，也以落败收场。那么，朱熹先生给的路到底错在哪里了？正确的路，到底在哪里？

朱熹先生的观点：知，即是知得天理。如何"致"得这个知呢？方法就是到事事物物上去研究，即所谓"即物穷理"。不停止地寻求、积累，在已有部分"知"的基础上，步步向上，直到临界点的到来。也就是"一旦豁然贯通焉，则众物之表里精粗无不到，而吾心之全体大用无不明矣"。可以直接翻译成：步入圣境！也就是阳明先生一直苦苦寻求的人生终极目标：成圣！

如果说朱熹先生错了，到底错哪了？如果说朱熹先生没错，为什么不起作用？无法"得之于心"？

端坐澄默，以求静一，这个"一"终究还是来了！

《年谱》里写得清楚："忽中夜大悟格物致知之旨，寤寐中若有人语之者，不觉呼跃，从者皆惊。始知圣人之道，吾性自足，向之求理于事物者，误也……"

仍是格物致知，但已经不再是朱熹先生解读的"格物致知"。朱熹先生解释："格"为"到"；物，即是物件。阳明先生灵光一现，"若有人语之"者，其实，不过是自己的心对自己说：格物之"物"，不是一草一木具体的物件。物即是"事"。程明道说"物来顺应"，"情顺万物而无情"，《中庸》说"不诚无物"……所以，格物不是去研究世间万物，这个"物"是"事"的意思！

那么，"格"是什么？在《传习录》里面有这样的一段，我们引用在这里：

> 意之所用，必有其物，物即事也。如意用于事亲，即事亲为一物；意用于治民，即治民为一物……凡意之所用，无有无物者；有是意即有是物，无是意即无是物矣，物非意之用乎？"格"字之义，有以"至"字训者，如"格于文祖"，"有苗来格"，是以"至"训者也。然"格于文祖"，必纯孝诚敬，幽明之间无一不得其理，而后谓之"格"；有苗之顽，实以文德诞敷而后格，则亦兼有"正"字之义在其间，未可专以"至"字尽之也。如"格其非心"，"大臣格君心之非"之类，是则一皆"正其不正以归于正"之义，而不可

以"至"字为训矣。且《大学》"格物"之训，又安知其不以"正"字为训，而必以"至"字为义乎？如以"至"字为义者，必曰"穷至事物之理"，而后其说始通。是其用功之要，全在一"穷"字；用力之地，全在一"理"字也。若上去一"穷"字，下去一"理"字，而直曰"致知在至物"，其可通乎？夫"穷理尽性"，圣人之成训，见于《系辞》(《说卦》)者也。苟"格物"之说而果即"穷理"之义，则圣人何不直曰"致知在穷理"，而必为此转折不完之语，以启后世之弊邪？

这是阳明先生的亲笔书信《答顾东桥书》里的原文。这里面对"格"已经说得无比详尽，无需多赘一言一语，再加揣测解读。阳明先生为"格物"立起来一个完全不同的涵义，与朱熹先生相比，一百八十度转向，从外求直接转向内求。格物，即是正其不正以归于本体之正！那么，致知是什么？知，即是天理，即是本心。致知是什么？就是归复本来就完备具足的理，就是归复本心！本心因何不能彰显？吾性本自具足的理因何不能正常发挥其本有的功能？

问题继续向深处推进。

答案是，心体上有某种东西障碍、阻隔、遮蔽了理的显现。在这东西的障碍、阻隔、遮蔽下，心里面生成的想法、念头(意)就不稳当了，动了歪心思、邪念头。而这个"意"不会悬空，他会着落到某一个点上去，并最终以"行"的形式显现，不是心之本体最初的"意愿"，那么行动以及行动带来的结果就无法"稳当"！

到底是什么在障碍、在阻隔、在遮蔽？

龙场悟道后自然对此已经了然，不过更确切的描述，我们可以在阳明先生的文字里找到蛛丝马迹。这个答案就在若干年后，阳明先生回到北京写给他的学生方献夫的《别方叔贤序》里：

予与叔贤处二年，见叔贤之学凡三变。始而尚辞，再变而讲说，又再变而慨然有志圣人之道。方其辞章之尚，于予若冰炭焉；讲说矣，则违合者半；及其有志圣人之道，而沛然于予同趣。将遂去之西樵山中，以成其志。叔贤亦可谓善变矣。圣人之学，以无我为本，而勇以成之。予始与叔贤为僚，叔贤以郎中故，事位吾上。及其学之每变，而礼予日恭。卒乃自称门生而待予以先觉。此非脱去世俗之见，超然于无我者，不能也。虽横渠子之勇撤皋比，亦何以加于此！独愧予之非其人，而何以当之！夫以叔贤之善变，而进之以无我之勇，其于圣人之道也何有。斯道也，绝响于世，余三百年矣。叔贤之美有若是，是以乐为吾党道之。

这篇序文对于打开龙场悟道的真相，可谓无价！我们先讲一下文中的"横渠子之勇撤皋比"。横渠先生，也就是北宋的张载，"皋比"，就是虎皮。张载坐在虎皮上面讲《周易》，听众非常多。场面可以想象，如众星捧月一般。后来，程颢和程颐两兄弟来了，与他切磋《周易》。第二天，张载果决地撤去虎皮，对自己的听众说："平日里，我对《周易》的解读实在粗浅不入道。近日，有二程先生到此，他们对《周易》的理解非常深刻，远比我强得多，你们还是师从他们吧！"我们常听说所谓的"文人相轻"，其实，真正有境界的人，如何会"相轻"！但凡相轻的人，不过是内心的自以为是在作祟罢了！张载勇撤皋比，谦逊厚德，即是"无我"两个字使然。最初，方献夫作为吏部郎中，阳明先生是其部门的主事，为其下属，但却"每变，而礼予日恭"，到最后"卒乃自称门生而待予以先觉"，非"超然于无我者，不能也"！

"圣人之学，以无我为本，而勇以成之。"圣门之锁得以打开，难道其钥匙就是"无我"这两个字？

再回到《传习录》：

天下之人心，其始亦非有异于圣人也，特其间于有我之私，隔于物欲之蔽，大者以小，通者以塞……

人心本是天然之理，精精明明，无纤介染着，只是一无我而已。胸中切不可有，有即傲也。古先圣人许多好处，也只是无我而已。无我自能谦。谦者众善之基，傲者众恶之魁。

估计你已经看出来了：是什么在障碍、在阻隔、在遮蔽？

是"有我"！即自私自利、自以为是的傲慢，再附带上一个"物欲之蔽"。重新组合，就叫"私欲"。没错，就是它！去除私欲，达到"无我"的境界，内心本有的天理，本有的"知"，就赫然显现！估计你已经有一句话就在嘴边了：这不就是宋代理学说的"存天理，去人欲"吗？是的，没错！

但是理学家们的观点是：把天理从万事万物中萃取出来，放在心里，你要保护好它，不可以让它丢失掉。使得天理被干扰、被污染的大敌是"人欲"，所以，为了存住天理，必须要破除人欲！有没有道理？有。但是究不究竟？不究竟。看上去差不多，但是与阳明心学的观点有很大不同。

其一，阳明心学认为，天理在心里，不在外物，更准确地说，心就是天理。

其二，天理本就是生来本具，本自具足的，何须踏破铁鞋翻山越岭去找？你自家本有的天理不能正常发挥其无穷威力，原因只有一个，它被你的私欲给遮蔽了。去除私欲，天理归复本来状态，熠熠放光，于是乎你的所思、所言、所行，稳稳当当！

讲到这我迫不及待要提及那个仆人生病的故事了，一个曾经被很多人认为毫无意义的多余的"赘述"的故事。这个故事在向我们昭示着什么？我想你已经看穿了：在那个年代，一个主人，放下身段伺候仆人，不仅仅做饭喂饭，还变着花样地歌诗唱曲，那是什么样的"无我"境界？我想不需要任何文字描述，我们可以合上书，闭上眼，尝试着用心去体会。

无我，原来就是这个天机。一定有朋友问："无我"并非阳明先生首创啊，很多学说也会有相同或者类似的提及。况且，在龙场之前，阳明先生在《乞宥言官去权奸以章圣德疏》里面就有"扩大公无我之仁"的文字，当时也知晓"无我"，为何在那个时候未能"悟道"？

一个好问题胜过一万个平庸的答案。好的问题总能敦促我们去寻找真正的答案。讲到这里，我要给"龙场悟道究竟悟到了什么"这个问题一个通俗明了的答案：龙场悟道，悟到的是真切的感受——稳当快乐。再深入一点儿表述：龙场悟道使得阳明先生找到了获得"稳当快乐"的"道"。再换个角度表述："圣"是什么？"圣"就是"天人合一"状态下的"通"，就是心通之后"身"通，也就是"行"通。《论语·颜渊》里颜回"克己复礼"即是修身，"克己复礼"即可以"天下归仁"，何为"天下归仁"？即是"明明德于天下"，即是我们自己的身心在天下行走能够"归复"于"天理"，归复于"仁性"，而这"仁性"是"仁者与万物为一体"的根本原点。当我们的心归复于这个原点，或者说与之合而为一，那么这作为指引人在天地之间所作所为的终极法则的"天理"也就严丝合缝地指引我们的生命归复坦途，也就与《易经》和《大禹谟》所说的"何思何虑"的"惟微"之"道心"相吻合了。

自然一切稳稳当当，而且如此快乐！这快乐，佛家叫法喜，儒家叫至乐。稳当和快乐，都必须在自己心内真切感受到，所以，开悟无法用语言表达，其感受只能在自己身心上得以呈现方可。

阳明先生与弟子刘观时的对话，把这一点表达得淋漓尽致：

> 刘观时问："'未发之中'是如何？"先生曰："汝但戒慎不睹，恐惧不闻，养得此心纯是天理，便自然见。"观时请略示气象。先生曰："哑子吃苦瓜，与你说不得。你要知此苦，还须你自吃。"

所以，阳明先生在龙场悟道后的感受是什么？是稳当快乐，了无挂碍。要点是什么？是无我，以无我为本。功夫着力点在哪里？去除私欲。再嘱咐一句是什么？"勇以成之！"

开悟了，真切感受到洒脱，稳当，快乐！其天机便是"无我"。无我，就可以"与天地合其德，与日月合其明，与四时合其序，与鬼神合其吉凶"；便能够与天理合而为一，亦即"天人合一"。反过来说，我们所有的愚昧烦恼，皆来自于"有我"之私欲。

所以,《年谱》记载龙场悟道的文字有"得失荣辱皆能超脱,惟生死一念尚觉未化,乃为石椁自誓曰:'吾惟俟命而已!'日夜端居澄默,以求静一;久之,胸中洒洒。"说的什么?先放下得失荣辱,然后放下生死。放下生死为什么那么关键?

请看《传习录》里面的一段:

> 问:"夭寿不贰"。
>
> 先生曰:"学问功夫,于一切声利、嗜好,俱能脱落殆尽,尚有一种生死念头毫发挂带,便于全体有未融释处。人于生死念头,本从生身命根上带来,故不易去;若于此处见得破,透得过,此心全体方是流行无碍,方是尽性至命之学。"

连生死都能放下,便真的了悟了"无我"的境界!便是"见得破,透得过",便是"胸中洒洒"!于是乎,"此心全体"便"流行无碍",便"尽性至命"!

我们继续追问:仆人生病这一段是"无我"的一个很艺术的佐证,那么,是不是"无我"就是把自己放到一边不考虑,然后无条件地爱所有人?这是一个很关键的问题。很多人到了这个节骨眼儿都会问及。答案就在我们刚才讲的七个点里面的第六点——心中有尺度,不卑不亢对应太守的刁难。为了方便参看,把《年谱》里对应的文字引录于此:

思州守遣人至驿，侮先生，诸夷不平，共殴辱之。守大怒，言诸当道。毛宪副科令先生请谢，且谕以祸福。先生致书复之，守惭服。

到底怎么回事？我们看阳明先生的《答毛宪副书》：

昨承遣人，喻以祸福利害，且令勉赴大府请谢；此非道谊深情，决不至此。感激之至，言无所容。但差人至龙场凌侮，此自差人挟势擅威，非大府使之也。龙场诸夷与之争斗，此自诸夷愤恚不平，亦非某使之也。然则大府固未尝辱某，某亦未尝傲大府，何所得罪而遽请谢乎？

跪拜之礼，亦小官常分，不足以为辱；然亦不当无故而行之。不当行而行，与当行而不行，其为取辱一也。废逐小臣，所守以待死者，忠信礼义而已。又弃此而不守，祸莫大焉。凡祸福利害之说，某亦尝讲之。君子以忠信为利，礼义为福；苟忠信礼义之不存，虽禄之万钟，爵以侯王之贵，君子犹谓之祸与害；如其忠信礼义之所在，虽剖心碎首，君子利而行之，自以为福也，况于流离窜逐之微乎！

某之居此，盖瘴疠蛊毒之与处，魑魅魍魉之与游，日有三死焉。然而居之泰然，未尝以动其中者，诚知生死之有命，不以一朝之患，而忘其终身之忧也。大府苟欲加害，而在我诚有以取之，则不可谓无憾；使吾无有以取之而横罹焉，则亦瘴疠而已尔，蛊毒而已尔，魑魅魍魉而已尔，吾岂以是而动吾心哉！

执事之谕，虽有所不敢承；然因是而益知所以自励，不敢苟有所隳堕。则某也受教多矣，敢不顿首以谢！

估计是思州太守听说龙场驿站这个小地方，出了一个大名鼎鼎的人物王阳明，动静越来越大，于是派几个人去看一下。来人确实素质非常低劣，颐指气使还要阳明先生对其行跪拜大礼，极尽侮辱之能事。阳明先生是如何对待的？

其一，跪拜之礼你们就不用想了，我虽然地位卑微，但是给你们行这样的礼，不合天理，打死我也不会干。

其二，兄弟们看不过去了，狠狠揍了你们一顿，并非我指使，是他们替天行道，无需劝阻。

当时的按察副史毛科，就是这位"毛宪副"，估计接到了来自太守的投诉，赶紧"遣人喻以祸福利害，且令勉赴太府请谢"。他告诉阳明先生摊上大事了，赶紧去太守那里谢罪以"明哲保身"吧！结果，阳明先生就提笔写下了这封非常知名的《答毛宪副书》。读完了感受如何？外柔内刚，有理有据，凛然不可侵犯，是不是？这里面有几句非常关键："不当行而行，与当行而不行，其为取辱一也。""所守……忠信礼义而已。""居之泰然，未尝以动其中者，诚知生死之有命，不以一朝之患，而忘其终身之忧也……吾岂以是而动吾心哉！"

　　"祸福利害"以及当行与否，阳明先生自己有个"谱"，也就是一个法则，一个极则，"守"住这个，自然能够主宰自心，坚若磐石，"居之泰然"，何事能够"动吾心哉"！

　　在《传习录·答欧阳崇一书》中有这样的文字："君子之酬酢万变，当行则行，当止则止，当生则生，当死则死；斟酌调停，无非是致其良知，以求自慊而已。"

　　我们现在还没有讲到"致良知"，这"良知"其实就是阳明先生在龙场悟道所说的"天理"，本自具足的"圣人之道"。所以，"无我"并非老好人一般的什么人都无条件地爱，如果这样理解就未免太肤浅了。子曰："唯仁者能好人，能恶人。"仁者爱其当爱，恶其当恶，一切循理而行！做到"无我"即可将心上的私欲剥落，使内心上的天理昭然朗现，自然会给出恰如其分的"当行则行，当止则止，当生则生，当死则死"的明了指引！按着这个指引去行，理直气壮，心安理得，也就是"自慊而已"！

　　所以，这件事不但给出了刚才那个问题的答案，还进一步诠释了什么是"稳当快乐"。好，我们继续看第七点：高屋建瓴地指导当地土司的生死大计。我们看《年谱》里的文字：

　　　　水西安宣慰闻先生名，使人馈米肉，给使令，既又重以金帛鞍马，俱辞不受。始朝廷议设卫于水西，既置城，已而中止，驿传尚存。安恶据其腹心，欲去之，以问先生。

先生遗书析其不可，且申朝廷威信，令申议，遂寝。已而宋氏酋长有阿贾、阿札者叛。宋氏为地方患，先生复以书诋讽之。安悚然，率所部平其难，民赖以宁。

这段话大致说的就是水西安宣慰仰慕阳明先生，前来求教。他遇到两个问题：一个是朝廷在他的地盘设置的机构令他不爽，他想要上奏朝廷取消它；另一个是在他的地盘旁边有人叛乱，他想要坐视不管。阳明先生一一为其陈明利害，帮他稳稳当当地渡过险关。阳明先生"得道"之后那种处变不惊、洞彻机宜、挥洒自如的气魄，跃然纸上！一个根于"天人合一"的"通"字，真是令人"稳当快乐"！这吾性自足的"圣"道，一旦复位显化，足见孟子所言"浩然之气"以及"美大圣神"，此言真实不虚！

在《阳明先生遗言录》中，有这样的文字："某十五六岁时，便有志圣人之道……后至龙场……履险处危，困心衡虑，又豁然见出这头脑来，真是痛快，不知手舞足蹈！此学数千百年，想是天机到此，也该发明出来了……"这段话所提及的入圣"头脑"，莫非"无我"；这令人无比快意以至于"手舞足蹈"的"天机"之光，就此"发明"。

第二章

正位凝命：发机之节

天下谁人不识君

龙场驿出了一个阳明先生，他非常不同，声名远扬。各路有识之士陆续登门而来，这里面有一位非常特别，他在阳明先生的生命里，在心学传播和发展的过程中，作用非凡。他就是席书，当时的贵州提学副使，主管一省的教育。他来到此刻已经变得热闹的龙场驿，想要在阳明先生这里得到一个答案，也将为阳明先生打开一扇重要的门。

席书提出的问题是：朱陆异同。这不是新鲜的问题，已有无数人讨论过这个问题。但是，一直没有太令人信服的答案。阳明先生的答案是：无需答案。他不回答问的，只讲他在龙场悟得的。

其实，"朱陆异同"这个从朱陆当年论辩一直持续到此刻的问题，提问者真正要的答案并非是朱熹先生和陆九渊先生的学问到底有什么不一样；真正要的答案是天理到底在哪里，或者说两位先生谁可以将我们导向天理。于是，超凡脱俗的阳明先生，穿过所谓的"异同"表象，直接将真正的答案和盘托出。但是，席书连着两三次都没听懂。听了，懵了；回去琢磨，再来；再回去，再来……直到第四次，他终于明白了！

我们看一下《年谱》里对此事的记载：

> 始席元山书提督学政，问朱陆同异之辨。先生不语朱陆之学，而告之以其所悟。书怀疑而去。明日复来，举知行本体证之五经诸子，渐有省。往复数四，豁然大悟。谓"圣人之学复睹于今日；朱陆异同，各有得失，无事辩诘，求之吾性本自明也。"遂与毛宪副修葺书院，身率贵阳诸生，以所事师礼事之。

这里的"证之五经诸子"，便是阳明先生龙场悟道之后，"乃以默记五经之言证之，莫不吻合，因著《五经臆说》"的"证之"。非常可惜，这部《五经臆说》绝大部分被阳明先生付之一炬。在他去世之后，学生整理其书卷的时候，仅得十三条。其他的都烧了，唯独留这十三条，或许是偶然幸存的，或许是阳明先生有意存留。如果是后者，那其珍贵程度和价值，便可想而知。

钱德洪感叹："吾师之学，于一处融彻，终日言之，不离是矣。即以此例，全经可知也。"我们从中摘选关于《易经·晋卦》

的一例，以窥全经。阳明先生原文如下：

> 明出地上，晋，君子以自昭明德。日之体本无不明也，故谓之大明。有时而不明者，入于地，则不明矣。心之德本无不明也，故谓之明德。有时而不明者，蔽于私也。去其私，无不明矣。日之出地，日自出也，天无与焉。君子之明明德，自明之也，人无所与焉。自昭也者，自去其私欲之蔽而已。

晋卦（䷢），内卦是坤，象征大地；外卦是离，象征太阳。所以说"明出地上"，犹如太阳从大地升腾而起。晋卦的象辞是：君子以自昭明德。这个"明德"，当然就是《大学》里的"明德"，人生来本具的明睿德性。此德性，本来明澈，只是因为私欲遮蔽，才有不明；只要去除私欲之蔽，其生本有之明，自然重现！而这明之本"自"具有，以及这遮蔽只能"自"行在心内去除，"自明之也，人无所与焉"，简单来说，就是这"自昭明德"四个字。这个"昭明德"，岂不就是"明明德"吗？

与"明明德"的表述有不同，这个"自昭明德"开头有个"自"字，一切直指心之本体，也就是知行本体，生来本具、本自具足，只是它被私欲遮蔽，不得彰显。我们每一个人要做的，只是去除遮蔽，使其归复本然，便能"自昭明德"，天地人生，一片大光明也！

开讲知行合一

席书明白了："遂与毛宪副修葺书院，身率贵阳诸生，以所事师礼事之。"

阳明先生来到贵阳，在文明书院开始讲学。讲什么？当然讲席书费了很大力气才明白的，是惊为天人、振聋发聩的"正脉圣学"、如雷贯耳的"知行合一"！

了解心学的朋友肯定知道心学的三个核心理论：心即理、知行合一、致良知。毫不夸张，知行合一是一个非常难懂的提法。我们不用"理论"或者其他的词语，而是用"提法"来表达，是因为真的很难给知行合一一个全面的定义。它是原理，是功夫，也是一种境界，更是一个"天机"。

在本书中，我们不会单独地为这三个理论下定义，也不会在一处集中将每个"提法"一下子简单地用文字"翻译"完了事。它们会持续地在我们的文字里逐渐显像。毫无疑问，这是一个艰巨的任务。

席书的学识很高，他明白阳明先生所"悟"的、所讲的，尚且要费好多周折。文明书院的学生们要理解同样的东西，必然阻力重重。阳明先生结合当时普遍存在的问题，将心学的核心原理糅进来，将无比丰盛的入道大餐端给这些幸运的学子们"品尝"。说他们幸运，是因为这些人是最早一批聆听心学的学子。阳明心学刚刚创立，气象崭新！当时，他们还不知道，站在他们面前的这位被贬至此的朝廷命官、此刻的驿站小吏，将在不久的将来名震华夏。他们更不知道，这位心学大师，将会在中国历史上写下波澜壮阔的一页，无人能出其右。

很可惜，绝大多数人没听懂。而且，他们把更多的心力不是用在学习上，而是翻箱倒柜找各色论据来质疑阳明先生的学说。为什么呢？原因其实也能理解。这些学生已经浸淫朱熹先生的朱学多年，一直以来都深信不疑，或者很少人曾经想过朱先生的学说会有问题。

朱熹先生以及宋代以来的儒家学者们（包括陆九渊）都是信奉"知先行后"以及"知易行难"的。无论是先后，还是难易，都分明显示着一点：知和行当然是两件事。如果你已经对心学的原理有所了解，你自然会知道，这些学生理解的和阳明先生讲的东西根本就不在一个频道上。

我们先找个切入点开始讲。

心学的基本原理可以这样描述：我们的心体具备一种能力，那就是"知理"。知什么理？知道我们所思所言所行本须遵循的"条理"。这个条理，指引着我们的一切行动，而且没有丝毫偏差。我们继续问：这个如此完美的指挥系统是悬在那里的吗？当然不是，它的真正价值和存在的意义是——恰如其分地指挥我们的行动！

"丝毫不差""恰如其分"……这能说明什么？其一，心之天理与生俱来，本自具足，它指引着我们的所有行动。其二，用阳明先生的话说"无心则无身，无身则无心"，心就是指挥系统，身就是践行系统，这看上去是"两个"东西，但是没了其中任何一个，剩余的另一个也就失去了其存在的意义。恰似鸟之两翼、车之两轮，如何分得开？对于这一层意思，阳明先生在《传习录》上卷中就用这样的语言来表达：

　　某尝说知是行的主意，行是知的功夫；知是行之始，行是知之成。若会得时，只说一个知，已自有行在；只说一个行，已自有知在。古人所以既说一个知、又说一个行者，只为世间有一种人，懵懵懂懂地任意去做，全不解思惟省察，也只是个冥行妄作，所以必说个知，方才行得是。又有一种人，茫茫荡荡，悬空去思索，全不肯着实躬行，也只是个揣摸影响。所以必说一个行，方才知得真。此是古人不得已补偏救弊的说话。若见得这个意时，即一言而足。今人却就将知行分作两件去做，以为必先知了，然后能行。我如今且去讲习讨论做知的工夫，待知得真了，方去做行的工夫。故遂终身不行，亦遂终身不知。此不是小病痛，其来已非一日矣。某今说个知行合一，正是对病的药，又不是某凿空杜撰。知行本体，原是如此。今若知得宗旨时，即说两个亦不妨。亦只是一个。若不会宗旨，便说一个，亦济得甚事？只是闲说话。

"知是行的主意"，行是由知发起和指挥的；"行是知的功夫"，知因为行得以落实。

我们说一个人的身体，拥有各样的功能，各样的功能组合成为一体，这个"一"体才使得身体成其为身体；对于这个整体而言，任何一个功能单独分裂出来都将失去其存在的意义。所以，知行本是一件东西，一件东西的两个功能，只有知行协同并进，才具有意义。在同一条里，阳明先生从另一个角度对知行进行解释：

爱曰："如今人尽有知得父当孝，兄当弟者，却不能孝，不能弟。便是知与行分明是两件。"先生曰："此已被私欲隔断，不是知行的本体了。未有知而不行者。知而不行，只是未知。圣贤教人知行，正是要复那本体，不是着你只恁的便罢。故《大学》指个真知行与人看，说'如好好色'，'如恶恶臭'。见好色属知，好好色属行。只见那好色时，已自好了。不是见了后，又立个心去好。闻恶臭属知，恶恶臭

属行。只闻那恶臭时，已自恶了。不是闻了后，别立个心
去恶。如鼻塞人虽见恶臭在前，鼻中不曾闻得，便亦不甚恶。
亦只是不曾知臭。"

这里面有非常重要的一句："圣贤教人知行，正是要复那
本体。"阳明先生认为，真正的"知行"本是一体，本不可分，
本来就来自作为"天理"的心之本体。天理能够对我们的
一切"行"做出准确的分辨和指挥。不仅如此，它还能够让
身体自然而然地、丝毫不差地贯彻下去，也就是落到"行"
上去！

如果我们不能恰如其分地按照天理去行动，那么作为天理
的"心"必然处于不正常状态。心上这个天理不能正常发挥其
功能，原因何在？答案是："此已被私欲隔断，不是知行的本体
了。"阳明先生举了一个例子：正常情况下，我们闻到恶臭必然
厌恶。但是，有一种情形例外："如鼻塞人虽见恶臭在前，鼻中
不曾闻得，便亦不甚恶。"当我们的心体被什么东西"隔断"了，
就像鼻子被塞住了一样，没办法发挥其辨识的觉知能力，也就
无法正确行使其对"行"的指挥作用。

所以阳明先生说"圣贤教人知行，正是要复那本体"。谈
知行合一，并非要特立独行，非要把知和行捏在一起，融成
一个。真正的目的，也就是阳明先生所说的"宗旨"，是为了
去除"隔断"我们知行本体——也就是心之本体——的那个障

碍，把遮蔽去除，把阻碍拔掉，让本原回归本原，让本来重现本来！

被遮隔的心犹如"丧心"，不能发挥本来功用，"知"受阻，我们的"行"就成了"游魂"，这是心的病症。那么，阳明先生讲授知行合一的真意是什么，要从"知行合一"这个如此标新立异的提法入手，到底为什么？

"某今说个知行合一，正是对病的药。"这是解除心之病症的药。

"又不是某凿空杜撰。知行本体，原是如此。"这不是"我"臆想出来的，"知行本体"也就是心之本体，本来就是这样！心之本体即是天理，是天造地设的"条理"，是指引我们在世间行走的终极法则。为什么阳明先生这么有把握称其为"原是如此"？因为阳明先生惊天地泣鬼神的龙场悟道，悟得的就是这个！阳明先生苦苦求索的答案，就是这个！当他感受到进入无我的状态，感受到天人合一的境界，真切地体会到的，就是这个！所以，知行合一是一种境界，它不是一个知识。你可以认为它是一盏明灯，给迷路人指引正确的方向。但是它不直接等于你走在正确方向上的感受。所以，阳明先生晚年再次诠释知行合一的时候说"知之真切笃实处即是行"，要有真切的感受，必然要在行上见；梨子的味道是什么样的，任何巧夺天工的语言描述都无济于事，对这味道的"真切笃实"的感受，只能来自你的亲自品尝。

　　阳明先生经历过龙场悟道，对这天理有真切笃实的感受，这感受由他一个又一个脚印的行走得来。他已经体悟到了这个"道"，他已经见到了这个"道"，所以他对理的感受无比真切、无比笃实；他对"心即理"的信念，坚若磐石，他敢言之凿凿地讲："原是如此！"

　　可是，当阳明先生接受贵州提学副使席书的盛情邀请，来到贵阳文明书院，把他深刻且无比真切地悟得的"天机"毫无保留地倾囊相授的时候，他并没有得到足够积极的反馈。他带着在山中炼就的"仙丹妙药"来医治这广泛存在于大众心中的病痛的时候，这些人却拒绝服用。反之，他们引经据典，一个个罗列理由，只为了证明：要么是知在先行在后，要么是知易行难；要么是知得明了才能稳妥地去行，要么是……总之：知和行不是一个！

　　这就像一个神医指出了病人的病痛，并且给出了一个方子，可病人不但不去听病情分析，不去听这个方子的原理，反而一味强调这个方子里的文字应该用楷体书写，否则药效不够。又好像，你教给一个人持枪射击的全部原理和技巧，但他却一直在纠结这把枪的颜色不符合"大众审美"，因此拒绝握枪在手。

　　徐爱在《传习录》里面有这样的话：

　　　　不知先生居夷三载，处困养静，精一之功，固已超入

> 圣域，粹然大中至正之归矣……世之君子，或与先生仅交一面，或犹未闻其馨欬，或先怀忽易愤激之心，而遽欲于立谈之间、传闻之说，臆断悬度。如之何其可得也？从游之士，闻先生之教，往往得一而遗二。见其牝牡骊黄，而弃其所谓千里者……

回头看这段文字，不禁令人扼腕叹息，也更深切地敬佩老子的智慧，他在《道德经》里说："上士闻道，勤而行之；中士闻道，若存若亡；下士闻道，大笑之。"真东西，不是谁都有眼光，看得明白；也不是谁都有福德，接得住。

《年谱》里记载，阳明先生三十九岁在庐陵有过这样的感慨："悔昔在贵阳举知行合一之教，纷纷异同，罔知所入。兹来乃与诸生静坐……使自悟性体，顾恍恍若有可即者……"

关于阳明先生明确提及自己"悔"的记载并不多，在《传习录》上卷薛侃录的部分有这样的文字："吾亦自幼笃志二氏，自谓既有所得，谓儒者不足学，其后居夷三载，见得圣人之学若是其简易广大，始自叹悔错用了三十年气力……"还有他三十四岁在兵部任职时写给诸扬伯的《赠阳伯》：

> 扬伯慕伯阳，伯阳竟安在。
>
> 大道即人心，万古未尝改。
>
> 长生在求仁，金丹非外待。

谬矣三十年，于今吾始悔。

这两处都在感慨自己在佛道两家错用了三十年的功夫，最后还是归转圣学。对比起来，不轻易谈及"悔"的阳明先生，这样说"悔昔在贵阳举知行合一之教"，这悔分量之重，就特别值得我们深思了。

是"知行合一"错了吗？当然不是。那阳明先生到底在"悔"什么？因为虽然阳明先生点破天机，功夫至臻至醇，但是学生们"纷纷异同，罔知所入"，怎么办？于是，阳明先生多年来修习有成的静坐功夫被重新请出来，临阵受命，发挥功用。

在讲静坐之前，一定要再补上几句：知行合一讲完了吗？就这些含义？

当然没有讲完，后文在涉及的时候我会再次提及。恰似一个被低估的武林高手，会在某一个合适的时刻，重现江湖。

静坐

关于静坐，我们最常听闻的当然是来自佛家和道家的静修方法。那么，儒家的静坐从什么时候开始的，又有什么样的特点呢？

在宋代，有周濂溪之"主静"，邵雍之"弄丸"，虽然对此并无非常系统的记述，但是已经隐隐可见其静坐的特征。

到了二程这里，静坐逐渐变为日常功夫。再到朱熹就有这样的明确文字："精神不定……须是静坐方能收敛。""入学功夫，须是静坐。静坐则本原已定，虽不免逐物，及收归来，也有个安顿处。"

陆九渊先生更有"常自洒扫林下，宴坐终日"的功夫。

在宋代儒学家这里，无论是出于对意识彻底集中的追求，还是为了"观喜怒哀乐未发前气象"，基本都是以静坐为功夫，来实现澄心静虑的目标。

到了明初，陈白沙先生从老师吴与弼处归来，"独扫一室，静坐其中，虽家人罕见其面"，于是"舍彼之繁，求吾之约，惟在静坐。久之，然后见吾此心之体隐然呈露……"进而"涣然自信"，对"静坐中养出端倪"有了真切感受。

这个"端倪"，到底是什么呢？我们暂且不回答这个问题，先看看阳明先生静坐的经历。我们大致可以把有关阳明先生静坐的经历分成三个阶段：一是洞房忘归时静坐的迷离，二是筑室阳明洞时静坐的得法和出离，三是龙场悟道时的端居澄默，以求静一。

毫无疑问，阳明先生对于静坐这个功夫是驾轻就熟的。并且，这个功夫也是陪伴他一生的一个静心法门。在他写的诗、文章书信以及学生记述的文字里时常提及静坐、夜坐。我们引用一些在这里：

《传习录》里的文字：

> 先生曰："教人为学不可执一偏。初学时心猿意马，拴缚不定，其所思虑多是人欲一边，故且教之静坐息思虑。久之，俟其心意稍定，只悬空静守，如槁木死灰，亦无用。须教他省察克治。省察克治之功，则无时而可间。如去盗贼，须有个扫除廓清之意。无事时，将好色、好货、好名等私，逐一追究搜寻出来。定要拔去病根，永不复起，方始为快。常如猫之捕鼠，一眼看着，一耳听着，才有一念萌动，即与克去。斩钉截铁，不可姑容，与它方便，不可窝藏，不可放它出路，方是真实用功，方能扫除廓清。到得无私可克，自有端拱时在。

……

一友静坐有见，驰问先生。

答曰："吾昔居滁时，见诸生多务知解口耳异同，无益于得，姑教之静坐。一时窥见光景，颇收近效；久之，渐有喜静厌动，流入枯槁之病，或务为玄解妙觉，动人听闻。故迩来只说'致良知'。良知明白，随你去静处体悟也好，随你去事上磨炼也好，良知本体原是无动无静的。此便是学问头脑。我这个话头，自滁州到今，亦较过几番，只是'致良知'三字无病。医经折肱，方能察人病理。"

仔细阅读上面的文字，你会发现三个要点：

其一，静坐是为了通过"息思虑"，令纷飞的杂念沉淀下来；其二，在上面的条件里、前提下，实现"窥见光景"；其三，静坐获得的静和"窥见光景"不是终极目标，这个已经"蔚为大观"的功夫境界其实是通向更高一层境界的台阶！

静坐一个巨大的功用是：学生们搞不懂知行合一，还是在心外绕圈子，现在用静坐的方式，把他们从在"外"徘徊引向"内"。

在心学里，我们始终都会关注一个问题：是什么让我们的心散乱，无法安住？当我们的心散乱不安的时候，就像是镜子落了一层厚厚的灰尘，无法清晰地觉照外物，世界（当然也包括我们自己）变得混沌而模糊，这个感受非常令人焦躁；二来是头脑不清楚，麻木不堪……这个问题当然有其非常深刻的根源。但是就直接的办法而言，什么方式能够使得这个问题得到立竿见影的解决呢？

儒释道以及其他学派之冥想类，都给出了答案：打坐、禅坐、冥想静坐……名称不同，其根本原理大同小异。通过某一个关注点——例如一个念头，或者呼吸，或者一个话头以及咒语——将纷飞杂乱的念头拴缚在一点，我们称其为"以一驭万"；无论念头有多少个，百千万个，只要出现就将其归拢到预先设定好的那一个点上，如此往复。就像是走钢丝一样，最初我们站在钢丝上会前仰后合，左摇右摆，但是随着对每一次歪倒的令其归正，久而久之，熟能生巧，我们就可以在钢丝上如履平地、行走自如，甚至可以在上面跳跃翻腾。

至此，你的念头不会似水面漂萍、风中柳絮一般不能自主。你的心逐渐可以稳当地驾驭或者主宰你的念头，让曾经的翻蹄亮掌一刻不肯安静的野马开始服服帖帖，指哪行哪；让抓耳挠腮一刻不肯安静的猿猴开始稳稳当当，令行禁止。这就是静坐能够给我们的第一层收益。这里面同时也给出了具体操作的方法。方法有很多种，但是原理大致相通。

当我们到了这"静坐息思虑"的状态时，我们能够感受到什么？这是一个极具挑战性的问题，无法用语言表达。还是那句话，梨子的味道只有亲自尝了才知道。阳明先生说："哑子吃苦瓜，与你说不得。你要知此苦，还须你自吃。"到了这种境界，除了内心的宁静令人感到温润的平和之外，还有非常关键的功能，那就是上文曾经提及的"窥见光景"。在《答罗整庵少宰书》里，阳明先生有这样的表述："夫道必体而后见，非已见道而后加体道之功也。"这里的"窥见"当然是"见"，那"窥"又表达了什么意思？恰似在孔隙内、在门缝里勉强看到，不能非常通透地一览无遗。但是无论如何这也是"见"道了。能够见到，必然是已经有了真切的体会，真切的感受，这是前提，不是从文字语言中能够获得的。

那么，这真切感受是怎么得来的？就是当我们心上的遮蔽、灰尘、污垢都消散的时候，就像是一缸浊水渐渐沉淀下来，内心本有的清亮通透得以朗现，心体本来的功能得以发挥，这澄澄明明的德性如同乌云散去，阳光照彻万物！于是，心的觉知如此清晰，心的感受如此真切！

心就是理，理即是道，心不受障碍遮蔽，对道的体会如此真实，自然而然。于是，体道、见道、觉知感受，都在心内渐渐浮现……

这有什么用？这太有用了！尤其对绝大多数向道问津的人来说，不可或缺！

《传习录》下卷有这样一条：

先生曰："良知是造化的精灵，这些精灵，生天生地，成鬼成帝，皆从此出，真是与物无对。人若复得他完完全全，无少亏欠，自不觉手舞足蹈，不知天地间更有何乐可代。"

还有徐爱在《传习录》上卷内的记述：

> ……诸如此类，始皆落落难合；其后思之既久，不觉手舞足蹈。

还有阳明先生龙场悟道后在深夜兴奋异常，大声呼跃。这手舞足蹈、兴奋异常到底是什么感受，这感受到底因何而生？我们在本书最后一节涉及"至乐"时会较为详细地讲，在这里一笔带过。

阳明先生说"乐是心之本体"，只要能够使得心归复其本体面目，复其心体之本然，那么就能够实现致中和，达到致中和状态后，那种内心油然而生的愉悦感就会自然流露。所以，我们的不快乐并非年龄的增长、压力的增加、世事的纠结……根本原因只有一个，我们的心上蒙了一层厚厚的尘灰。于是，当我们通过静坐，让心上的渣滓暂时沉淀，让心在那一刻暂复本然，于是我们得以"体道"，得以"见道"，得以感受到那来自心之本体的"乐"。

那么，既然已经到了这个境界，为什么只能算得"窥见光景"？难道不是已经到了"悟"境了么？不是。我们把《传习录》

里面另外一条引用在这里：

> 问："宁静存心时，可为'未发之中'否？"
>
> 先生曰："今人存心，只定得气。当其宁静时，亦只是气宁静，不可以为'未发之中'。"
>
> 曰："'未'便是'中'，莫亦是求'中'功夫？"
>
> 曰："只要去人欲、存天理，方是功夫。静时念念去人欲、存天理；动时念念去人欲，存天理；不管宁静不宁静。若靠那宁静，不惟渐有喜静厌动之弊，中间许多病痛，只是潜伏在，终不能绝去，遇事依旧滋长。以循理为主，何尝不宁静？以宁静为主，未必能循理。"

这里面有一些内容是要在后文一层层讲解的，暂且引用在这里，用以说明一个道理。未到悟境的关键就在这"潜伏"二字。犹如一缸浊水，静静地放了一夜，早晨来看，清澈见底。但是只要把缸摇动一番，又会变得浑浊不堪。

所以，阳明心学静坐要经过三个阶段，经历三重境界。

第一重，息思虑；第二重，息思虑后，把以往做的不稳当的事情提出来反省，寻找病根，进而克除；第三重，不必刻意回想，进入静的状态任由思虑升起，升起那一刻自然进行省察克治，找寻这个杂念升起的原点。杂念随起随灭，常安住在心体本原的状态里，体得、见得心体，亦即道体，亦即天理。

再次仔细、反复阅读《传习录》的这一条，你能从中分辨出这三重境界的分界点和下手的区别么？试看：

> 初学时心猿意马，拴缚不定，其所思虑多是'人欲'一边，故且教之静坐、息思虑。久之，俟其心意稍定，只悬空静守，如槁木死灰，亦无用。须教他省察克治。……无事时，将好色好货好名等私，逐一追究搜寻出来，定要拔去病根，永不复起，方始为快。……到得无私可克，自有端拱时在。

到了这里，也就抵达了超越概念和经验，"主客俱忘，身与道合"的境界。没有到这，很多人不得其门而入，便是个问题。但是，到了这里，也最容易出现更大的问题。我们把之前引用的一堆文字中的一部分，摘出来再次审视：

> 久之，渐有喜静厌动，流入枯槁之病，或务为玄解妙觉，动人听闻。
>
> 只悬空静守，如槁木死灰，亦无用。

学生找不着感觉，讲知行合一更是茫然不能入门，于是阳明先生教大家静坐，"使自悟性体，顾恍恍若有可即者"。阳明先生还没到达目的地，在途中就赶紧写信给学生们，明确指出

"所云静坐事，非欲坐禅入定"。

如果心学的境界是可以通过坐禅入定能实现的话，阳明先生就不需要十二年后提出"致良知"了，心学大概也就真的归入了禅学。

阳明先生谈知行合一、谈"知行本体"、谈心之本体，学生们"纷纷异同，罔知所入"，于是他把静坐作为方便法门提上教法的层面，让学生们体会到、看到"心体"究竟为何物，更是要学生们体会到、见到当自己的心体处于本然状态时，也就是他在龙场悟道悟得的"本自具足"的心之本体，在没有任何遮隔的状态下，是如何的清清亮亮，是非取舍分明通透。

但是这里有个巨大的问题，就是这种感受确实真切，确实是自己亲身体会到的；不过，它只能在近乎"入定"的状态里才有，只要一离开静坐的状态，有尘事纷扰，这种感觉就逐渐散失甚至迅速散失！于是，学生们就"顺理成章"地出现了"喜静厌动"，巴不得终日终夜在静坐中缠绵留恋，不愿意被外界的"俗事"破了这美妙的清净。

非常明显，没了"行"，谈何"知行合一"？图清净的回避，是与天理、天道不相吻合的。这一点阳明先生早在离开阳明洞天的时候，在不能"断灭种性"的深刻感悟中，在不能"簸弄精神"的决绝中，就参透了这个缺失。所以，他非常清楚，不打折扣地告诉大家：静坐只是"因吾辈平日为事物纷拏，未知为己，欲以此补小学收放心一段功夫……"教大家静坐是权宜之计，所以称之为"姑"教之静坐！"一时窥见光景，颇收近效"确实不假，但是大家"久之渐有喜静厌动，流入枯槁之病，或务为玄解妙觉，动人听闻……"就绝对不可以了。否则"只悬空静守，如槁木死灰，亦无用"。

"亦无用"，看似轻声细语，实则振聋发聩！不仅仅在经世致用上见，也是阳明心学功夫的极致奥秘。从文明书院讲"知行合一"的"悔"之后，静坐就迅速地开始发挥其"协助入门"的功能。但是，很显然，这不是究竟的教法，不是终极法门。

于是在静坐的同时，其他的有效的支撑教法或者其他的补充、辅助教法，在阳明先生的思考和教学尝试中不断层层绽放！

《朱子晚年定论》

阳明先生当然不是神，他也会寻找一些权宜办法去达到他的目的。正是因为这样，才更显示出他的真实。当然，他的权宜之计，必定是出自纯良动机，而不会有任何自私自利之嫌。

阳明先生讲心学，主要阻力有两个：一个是角度确实有点儿惊天地、泣鬼神，领会起来不那么容易；另一个就是饱读朱学的学究们奋起反击，甚至有些人一度非常过激。阳明先生想了一个办法，到这些人整天浸淫的《朱子大全》里面去寻找"弹药"。于是，著名的《朱子晚年定论》诞生了。该书"著名"的原因，一来是出自著名的阳明先生之手；二来是很多人不以为然，激起了更大范围的反对和批评。

我先从这本小册子中摘取几段，让大家感受一下：

熹亦近日方实见得向日支离之病，虽与彼中证候不同，

然忘己逐物、贪外虚内之失，则一而已。程子说不得以天
下万物挠己。己立后，自能了得天下万物。今自家一个身
心，不知安顿去处，而谈王说伯，将经世事业别作一个伎俩，
商量讲究，不亦误乎！

（《朱子晚年定论·答吕子约）》

旧读《中庸》慎独，《大学》诚意毋自欺处，常苦求之
太过，措词烦猥。近日乃觉其非。此正是最切近处，最分
明处。……使人看者，将注与经作两项功夫做了，下梢看
得支离。至于本旨，全不相照。

（《朱子晚年定论·答张敬夫》）

学问根本在日用间，持敬集义功夫，直是要得念念省
察。读书求义，乃期间之一事耳。旧来虽知此意，然于缓
急之间，终是不觉有倒置处，误人不少。今方自悔耳！

（《朱子晚年定论·答潘叔恭》）

向来妄论"持敬"之说，亦不自记其云何。但因其良
心发见之微，猛省提撕，使心不昧，则是做功夫的本领。
本领既立，自然下学而上达矣。

（《朱子晚年定论·答何叔景》）

……大抵孟子所论"求其放心",是要诀尔。

（《朱子晚年定论·答杨子直》）

……所幸迩来日用功夫,颇觉有力,无复向来支离之病,甚恨未得从容面论。未知异时相见,尚复有异同否耳？

（《朱子晚年定论·答陆象山》）

审视所引文字,我们可以发觉,阳明先生认为朱先生有重新的"定论",至少有重新的审视,断无不妥。但是,那些求功名之门在兹、平生"学问"在兹、教学论道在兹的"后儒"们,很多人都不肯接受这一论断。不管是出于公允的卫道,还是出于私意,这些人对阳明先生的心学发起了非常猛烈的攻击,甚至"群殴"。对于《朱子晚年定论》,这些人想必非但不肯认真参看,反倒似热油淋水,呼声愈大。批评者中有宵小之辈,也有知名大儒,如罗钦顺,即《答罗整庵少宰书》里的罗先生。他对《朱子晚年定论》抱持鲜明的批评姿态。

阳明先生在《答罗整庵少宰书》里这样回复：

其为《朱子晚年定论》,盖亦不得已而然。中间年岁早晚,诚有所未考,虽不必尽出晚年,固多出于晚年者矣。然大意在委曲调停,以明此学为重。平生于朱子之说,如神明蓍龟,一旦与之背驰,心诚有所未忍,故不得已而为此。

"知我者谓我心忧，不知我者谓我何求"，盖不忍抵牾朱子者，其本心也；不得已而与之抵牾者，道固如是，不直则道不见也。

一句"知我者谓我心忧，不知我者谓我何求"，已然道尽，还需要我们在这里为阳明先生争辩什么呢？此外，阳明先生在南京任职的这段时间，教法有几个鲜明的不同。其一是着重提及"存天理，去人欲"；其二是把"立诚"树立为"顶级"教法。

立诚

　　当然，心学也是要讲"存天理，去人欲"的，心学讲的也是找寻天理，也讲人欲（私欲）对天理的遮蔽和障碍，但是其内核与理学是不同的。宋代理学家，尤其是朱熹先生，认为天理在外，人要做的是到外面把一个一个的"理"发掘出来，再内化入心，然后要"存"住它，不可以放失。与此同时，人的各种欲望会诱使人的心趋向外放，会污染这个"理"，使得理不能在心里澄澈彰显！而心学的观点是：心就是理，把私欲（人欲）去除，这个天理自然朗现。这两者有极大不同。

　　关于"人欲"，我们要加一段解释。人欲不能直接翻译成"人的欲望"。饮食男女，对价值的追求，对幸福的向往……这些欲望在合理范围内何来不妥？所以，"人欲"替换成阳明心学常提的"私欲"更合适。这个"人"其实是与"道"相对的，如果我们明白了"人心惟危，道心惟微"，也就能够把握住"人欲"的外延和内涵，不会一竿子打落一船人了。

　　阳明先生引用宋代儒学家尤其是朱熹先生的"惯用语"来指导学生，其用意不言而喻。他用大家熟悉的"基本功"来练习新的招式，用朱熹先生常挂嘴边的"存天理，灭人欲"，还有《朱子晚年定论》，以及朱熹先生也认同的周、程等先生的某些思想和语句，把它们作为桥梁，将学生逐渐导向心学的轨道上来。

我们把《答罗整庵少宰书》里面另一段文字引用在这里，这是对此问题另一个审视的角度：

> 执事所谓"决与朱子异"者，仆敢自欺其心哉？夫道，天下之公道也；学，天下之公学也；非朱子可得而私也，非孔子可得而私也。天下之公也，公言之而已矣。故言之而是，虽异于己，乃益于己也；言之而非，虽同于己，适损于己也。益于己者，己必喜之；损于己者，己必恶之。然则某今日之论，虽或于朱子异，未必非其所喜也。君子之过，如日月之食，其更也，人皆仰；而小人之过也必文。某虽不肖，固不敢以小人之心事朱子也。

再引用《传习录》里面的一条：

> 朋友观书，多有摘议晦庵（朱熹）者。
>
> 先生曰："是有心求异，即不是。吾说与晦庵时有不同者，为入门下手处有毫厘千里之分，不得不辩。然吾之心与晦庵之心，未尝异也。若其余文义解得明当处，如何动

得一字！"

　　阳明先生在龙场悟道悟得的内容就有"格物致知之旨"，也就是"格物致知"的"真义"。这两段引文是什么意思？也就是说阳明先生认为朱熹先生对《大学》格物致知的诠释是错的，两个人在这一点上是水火不同炉的，但是有一点可以肯定没有问题，那就是"夫道，天下之公道也；学，天下之公学也。非朱子可得而私也，非孔子可得而私也"。《大学》是儒家公认的经典，是圣学智慧的凝结，这一点不会有任何人敢妄自非议。那么，阳明先生在《大学》里面继续深耕，寻找新的支撑点，自然顺理成章。

　　于是，在静坐、"存天理，去人欲"和《朱子晚年定论》的多维度工作中，在南京那段岁月，阳明先生提出了心学新的教法：立诚。

　　我们来看阳明先生给他的好朋友黄绾写的两封信，部分摘录如下：

　　　　仆近时与朋友论学，惟说"立诚"二字。杀人须就咽喉上着刀，吾人为学当从心髓入微处用力，自然笃实光辉。虽私欲之萌，真是洪炉点雪，天下之大本立矣。若就标末妆缀比拟，凡平日所谓学问思辨者，适足以为长傲遂非之资，自以为进于高明光大，而不知陷于狠戾险嫉，亦诚可哀也已。以近事观之，益见得吾侪往时所论，自是向里。此盖圣学的传，惜乎沦落湮埋已久。往时见得，犹自恍惚。仆近来无所进，只于此处看较分晓，直是痛快，无复可疑。

（《与黄宗贤·癸酉》）

吾辈通患，正如池面浮萍，随开随蔽，未论江海，但在活水，浮萍即不能蔽。何者？活水有源，池水无源；有源者由己，无源者从物。故凡不息者有源，作辍者皆无源故耳。

（《与黄宗贤·丙子》）

在《书王天宇卷》中还有：

圣，诚而已矣。君子之学以诚身，格物致知者，立诚之功也。譬之植焉，诚，其根也；格致，其培壅而灌溉之者也。

在《大学古本傍释》里有这样的文字：

修身惟在于诚意，故特揭"诚意"以示人修身之要。诚意只是慎独，功夫只在格物上用，犹《中庸》之"戒惧"也。

那究竟什么才算是"诚意"呢？
阳明先生离开龙场去庐陵，做了半年知县，非常有建树，然后辗转回到了北京。最初，朝廷准备把他安排到南京，在湛甘泉等好友的争取下，他留在北京，任职吏部。阳明先生仕途节节高升，从主事一直做到郎中。我们提及的那篇非常著名的《别方叔贤序》就作于这个时期。然后，阳明先生接受朝廷的新任命，到滁州做了一段时间太仆寺少卿，之后就到了南京做鸿胪寺卿。再后来，阳明先生从这个纯文职的任上接到朝廷的新安排，升督察院左佥都御史，巡抚南赣汀漳等地，工作是剿匪。阳明先生剿匪完毕，转过年来就遭遇宁王朱宸濠造反，开始平"宸濠之乱"，然后是张许之变，整个过程逾时十二年左右。阳明先生的教法从知行合一到静坐，再到立诚，然后迈向致良知。

我们讲的"立诚"阶段，主要指从滁州至"宸濠之乱"这段时光。我们先讲立诚的核心内涵及其功用，然后再讲这段岁月里发生的故事，围绕"立诚"的宗旨展开。

毫无疑问，心学的目标指向使人成圣、通透人生。我们的一切行动是外显的形式，也是我们经营人生的每一步，铸成大厦的每一块砖瓦。我们的每一个行动，都源于我们内心的指挥；我们的心会生成觉知、判断、情感、感受以及意愿和动机。如果从"行"往上追溯，直接指导行动的其实是"意"，它正是令我们的行动向左或者向右的直接发令旗。

回头再看《大学》，从开篇的"大学之道，在明明德，在亲民，在止于至善"之三纲领，再到"格致诚正修齐治平"之八条目，再到"自天子以至于庶人，壹是皆以修身为本"，再到"此谓知本，此谓知之至也"。

然后就是："所谓诚其意者，毋自欺也……故君子必诚其意。"再往后就是"所谓修身在正其心者……"如何如何；"所谓齐其家在修其身者……"如何如何；"所谓治国必先齐家者……"如何如何；直到"所谓平天下在治其国者"如何如何。

前文我们已经讲过：朱熹先生认为三纲领八条目陈述完，在"所谓诚其意者，毋自欺也"之前，理所应当是对"格物致知"的讲解。可是，解读"格物致知"的文字丢失了。于是，他提笔补上。

阳明先生认为，古本本无缺失，也无错简，丝毫不差。那么，有个问题必然浮出水面：《大学》三纲八目，也就是被称作"经"的部分一结束，马上提上来的就是"诚意"，其用意必然很深，这"深意"可能是什么？

我们从《传习录》上卷《薛侃录》的一条着眼：

蔡希渊问："文公《大学》新本，先'格致'而后'诚意'功夫，似与首章次第相合；若如先生从旧本之说，即诚意反在格致之前，于此尚未释然。"

先生曰："《大学》功夫即是'明明德'。'明明德'只是个'诚意'。'诚意'的功夫只是'格物致知'。若以'诚意'为主，去用'格物致知'的功夫，即功夫始有下落，即为善去恶，无非是'诚意'的事。如新本先去穷格事物之理，即茫茫荡荡，都无着落处。须用添个'敬'字，方才牵扯得向身心上来。然终是没根源；若须用添个'敬'字，缘何孔门倒将一个最紧要的字落了，直待千余年后要人来补出？正谓以'诚意'为主，即不须添'敬'字。所以举出个'诚意'来说，正是学问的大头脑处。"

在这一条里，阳明先生讲得再清楚不过了。阳明先生所有的学问都指向一点：成圣；所有讲学的目的也都指向一点：引领学生成圣。成圣，并非神乎其神的境界。这"圣"只是与天理合一（天人合一），进而所思、所言、所行合于理、通于理，稳当快乐！阳明先生讲知行合一，是要医治学生们混混沌沌不明何为理且行动脱离理的病态。但是，效果并不理想。于是，阳明先生启用静坐法，令学生能够息思虑，见本心。但是学生们又出现了喜静厌动的副作用。教法的探索和创造，必然会继续升级。

回到原点，问题到底是什么呢？

世人的妄行非为，不过是心内的妄念在驱使。这个妄念，正是出了差错的"意"。从《大学》三纲八目之后马上切进"诚意"来看，如果《大学》没有缺漏和错简，那么诚意会否是"大头脑"，是入手处？如果所谓"诚其意者"即是"毋自欺也"，那说明什么呢？说明把行动搞乱的妄念，也就是这个有问题的

"意"是"自欺"的、不稳当的。同时，必然有一个时刻存在的判断标准来明确是非，指明这个妄念自欺与否。也就是我们的本心自然有一套颠扑不破的是非判断标准，时刻在盯着我们的每一个念头。当我们的念头有偏差，我们必会自觉。我们要做的，只是把这偏差按照内在自有的标准校正过来，这个过程就是"诚意"。这个"意"得以"诚"了，就可以达到"如恶恶臭，如好好色"的本真状态，"此之谓自慊"。这个"慊"就是后来阳明先生所说的"稳当快乐"！

你仔细看，其实这都是阳明先生在龙场悟道所悟得的"本自具足"，只是换了一个角度审视，换了一种角度描述而已。不过，这角度的调整，却会产生很不一样的变化：

其一，功夫的着力点有变化。其二，形式上回归儒家经典。虽然有新的解读，但在儒家范畴内，比"知行合一"和静坐更容易被接受。

在这个阶段，心里的念头稍微一动，就成了"省察克治"时时关注的着眼点。意正了，行动自然不会出现偏颇。所以，阳明先生在给黄绾的信里说：

> 从心髓入微处用力，自然笃实光辉。虽私欲之萌，真是洪炉点雪，天下之大本立矣……

这个"心髓入微处"，就是念头起处，就是那"私欲之萌"

的关键上，只要把这个一夫当关的关节摁住，自然是一了百当！

《传习录》里这一条，说得亦是如此分明：

> 一友自叹："私意萌时，分明自心知得，只是不能使它即去。"
>
> 先生曰："你萌时，这一知处便是你的命根，当下即去消磨，便是立命功夫。"

到这里，阳明先生非常兴奋和肯定，所以在给黄绾的信里称其为"圣学的传"，认为其"沦落湮埋已久"，并且觉得"往时见得，犹自恍惚"，目前"只于此处看较分晓，直是痛快，无复可疑"！

我们在前文讲静坐的时候提到，阳明先生说，练到心意稍定，只是枯坐、悬空静守会出问题，所以教大家"省察克治"。这个省察克治对应的就是"立诚"的功夫。在心里精察意之起伏，意之善恶；然后将善的意落实，将恶的意克除。只要能够把这阻碍"自慊"的虚妄的"意""诚"至其本然之善上去，那么心自然就会"正"。

我们摘取《传习录》下卷的一段文字：

> 然至善者，心之本体也，心之本体哪有不善？如今要正心，本体上何处用得功？必就心之发动处（即是意）才

可着力也。心之发动不能无不善，故须就此处着力，便是在诚意。如一念发在好善上，便实实落落去好善；一念发在恶恶上，便实实落落去恶恶。意之所发，既无不诚，则其本体如何有不正的？故欲正其心，在诚意。功夫到诚意，始有着落处。

我们从这条里面可以看出来，阳明先生龙场悟道悟得的心之本体即是天理，复其心体之本然即是归复天理；"正心"也就是复其心体之本然。所以，诚意自然也就是指向归复本心的功夫，甚至是"不二法门"。这样的定位足可说服修习《大学》的儒生们，使其自然而然地接受"立诚"的功夫。

诚意的确是功夫"始有着落处"。这个阶段"惟说立诚"，"立诚"才是第一把交椅，直到"致良知"被淬炼出来，"立诚"或者直接称其为"诚意"，才退居到"功夫"的位置，成为实现"致良知"这个终极法门的途径和功夫。这个非常关键的转变，我们在后文"致良知"的部分会讲到。

我们在这里先举个例子作为铺垫：一个百战百胜的将军，每次出战之前都会到一个"所在"拜访，虽然大家隐隐看得见这个动作，大概知道这个"所在"有"参谋"的功能，但是并未觉得它是顶级关键，目光还主要落在这将军的身上。直到有一天，这"所在"里的神人从幕后走到台前……

披挂出征

正德九年（1514），阳明先生四十三岁。四月，他被任命为鸿胪寺卿，五月，到南京赴任。鸿胪寺卿负责的工作主要是礼仪、外交、祭祀等等。这段岁月很清闲，所以阳明先生有很多时间给学生讲心学。

突然有一天，朝廷下了一个急促的命令，给他一个新的差事：去南赣汀漳剿匪。

这是一个出人意料甚至很突兀的安排。但是阳明先生不会觉得这个题目出得很超纲。他年少时候"任侠"，纵马居庸关；青年时沉醉兵法；梦里的马援和现实世界的威宁伯宝剑；还有在被贬谪龙场之前，曾任职兵部……一代豪雄王阳明先生，骨子里面都流着斗士的血液。或者，在阳明先生这里，就没有所谓"超纲"的题目。

《传习录》里面有一段话，我们体会一下：

人要随才成就，才是其所能为。如夔之乐，稷之种，是他资性合下便如此。成就之者，亦只是要他心体纯乎天理。其运用处，皆从天理上发来，然后谓之才。到得纯乎天理处，亦能"不器"。使夔、稷易艺而为，当亦能之。

又曰："如'素富贵行乎富贵。素患难行乎患难'，皆是'不器'，此惟养得心体正者能之。"

搞修建行不行？没问题，管理高效、保质保量；审案断狱行不行？没问题，必定明察秋毫，乾坤朗朗；做考官行不行？没问题，必定垂范高远，目光如炬；做县令行不行？没问题，只需半年，积弊许久的问题，消散如烟；给朝廷管马行不行？然后再管外交、礼仪行不行？这次，阳明先生要披挂出征，去面对三四十年都未能彻底解决的匪患，行不行？我们拭目以待。

于是，就有了前文我们讲过的那个故事：出征前，黄舆子对友人们说："阳明此行，必立事功！"大家问，您如何看出的？他回答："触之不动！"黄舆子不是等闲之辈，是得了道妙的世外高人。他看得精准而透彻。这个"触之不动"，和多年前阳明先生考进士落第时所说的"人以不登第为耻，我以不登第而动心为耻"，还有龙场悟道期间他在《答毛宪副书》里的"吾岂以是而动吾心哉"，可谓一以贯之！阳明先生已经能达到任由你如何"触"，我自岿然不动的境界。

我们可以想象，某一天，阳明先生正在给学生们讲学，官署里来了传旨的官差，高声宣读：任命王守仁为都察院左佥都御史，巡抚南赣汀漳，到江西南部和福建、湖广交界的"三不管"地带去剿匪。从此，阳明先生开启了以一个文人的身份在军事上建功立业、波澜壮阔的人生历程。

阳明先生到赣州赴任，一路走的是水路。他首先逆长江而上，到鄱阳湖，然后转到赣江，一路逆流南上。正月十三这天，阳明先生一行人抵达万安。之前一直有人给他讲，南赣汀漳这一带土匪特别多，而且极其猖獗，但那也仅仅是耳闻而已，今天终于亲眼见到了。

在《年谱》以及邹守益的《图谱》和一些传记里面，讲的基本都是阳明先生那天遇到了几百个土匪。在《中国书法大成》里面有阳明先生写给徐爱的亲笔信，这里面记述的土匪有多少呢？"千余！"就是一千多个，而且有这样的文字："劫江焚掠，烟焰障天。"什么意思？这帮土匪在江面上到处抢劫，抢完东西之后，就把这些船只一把火烧掉。烧了很多船，所以说火焰、烟雾，遮天蔽日。阳明先生并没有带着大部队来，只有一些随从，还有他的家眷。随从跟家眷马上就害怕了。我想阳明先生应该也是害怕的，他在给徐爱的信里面有这样的文字："始有悔来之意"——心里面有点儿后悔了。这个场景，烧杀抢掠，想必还是很恐怖的。但是阳明先生之所以是阳明先生，其与众不同之处在于，他能够调适至"不动心"这个状态。到底什么算"动心"？如果你特别得意，尾巴翘得很高，都已经不知道自己是谁了，这个叫动心；如果你非常害怕，心里面一个劲儿哆嗦，这个也叫动心；如果有一件东西你特别想要，不管是否合理，无法自持，这个也叫动心。

不动心的阳明先生稳住神，对随从们讲，我们不能够在这观望、迟疑，一旦迟疑的话，土匪就会看出我们实力空虚。迅速行动起来，把后面这些商船，都"武装"起来；把官军的旗子挂在这些商船上，把他们船上的各色人等统统打扮成类似官兵的样式；看上去怎么显得雄壮就怎么来。然后，拉开阵势，快速向前推进。"快速"很关键，不能迟疑。这些土匪中有不少是悍匪，不是说一下就被吓得半死的。不过官军的这个阵势，还是给他们以很大的震慑。陆陆续续有一些蟊贼跑到岸上去，岸上的人越来越多。在这样的情境下，估计一般人可能会"见好就收"，赶紧一溜烟儿就溜过去。可是，如果这样跑过去，被土匪发现这些船只上并没那么多官军，不过是花架子而已，估计他们会从后面追上来。所以阳明先生一气呵成，直接下令靠岸！靠岸之后马上派中军下去，摆出一副正义凛然、不可挑战的神色，对这些人讲：南赣汀漳新任巡抚王大人，要到赣州去赴任。他知道你们都是好人。这是第一点，非常关键。第二点，知道你们饥寒交迫，因为日子过不下去了，所以才会变成土匪的。

心学宗师王阳明大人，把自己的心、随从的心、土匪的心，都感通得稳稳的。如果最初见到"劫江焚掠，烟焰障天"就哆哆嗦嗦，那恐怕真的会被拦住，船被烧，人被杀，都是很有可能的。不过，在那个狭路相逢勇者胜的情境里，你不能怕，也不能逞匹夫之勇。真正的勇敢，不是不害怕，而是怎么样去处理你这个"害怕"。拉开阵势，给敌人以震慑，然后才有后面的这个"勇"，而不是说驾船玩命从这里冲过去。那样做非但够不上勇敢，估计最后只有死路一条。

把土匪们震慑住之后，迅即以居高临下，极富威严而又不失亲和的态度给其以抚慰。这有多关键！其实这些所谓的匪、贼，最初也都是普通老百姓；由老百姓变成土匪，大多是不得已而为之。虽然这么说，此刻这群人的身份毕竟是匪还是贼，他们内心自然不会那么理直气壮，发虚是必然的。他们先是受了一次惊吓，跑到岸上去观望，还没观望出个子丑寅卯，官军就迅速登岸了。登岸的官军非但没有训斥和耀武扬威，反而给了他们一个备感温暖的安慰。这个大人跟以前的不一样，他很理解我们。首先认可我们是好人，我们是不得已；然后，这群土匪心里面戒备就放下了。紧接着第三点：王大人到赣州之后一定会赈济你们，你们放心。今天就饶了你们，都散了吧！然后，这些土匪真的就散了。

这剿匪赴任途中第一个惊魂时刻的完美处理，充分印证了黄舆子对阳明先生"触之不动"的判断。

到了赣州，阳明先生发现情况比他想象的还要糟糕。有些匪首已经开始称王，谢志珊叫"征南王"，龚福全叫"延溪王"，实力最强大的池仲容叫"金龙霸王"，盘踞的地盘数百里。数年甚至数十年来，这些匪患从未被彻底扑灭。普通老百姓的田地被占，耕牛被抢，老婆孩子要么被抢，要么被杀……有的变成流民，有的直接被掳到山上也做了土匪。

官府和军队这边，管事的人不愿意去剿匪，常用的办法是招抚。土匪被招抚过后又反叛，反叛之后官府再招抚，如此往复，无止无休。军队战斗力如何？阳明先生用四个字概括："脆弱骄惰"。军队不训练，不堪一击，根本打不了仗。据说这里的弓弩手，只能把箭射出十步远。这样的弩箭给小孩当玩具估计还行，用来与土匪战斗，简直是儿戏。还有一点：府库空虚，军饷不足。

情况就是如此，横看竖看，处处是问题。这样看来，以前管事的人，总是打不赢土匪也"情有可原"。但是，阳明先生不是凡夫俗子，在他眼里，没有所谓的"处处是问题"，他有的是一个又一个办法。

怎么办？打铁还要自身硬。这铁可是够硬的，但是官军这边，自身够不够硬？至少此刻，硬不硬是一目了然的。阳明先生的工作目标很清楚：土匪强大不强大，都得处理干净，一个也别想跑！

要打铁了，自身要迅速硬实起来！既然打铁还需"自身"硬，我就以"身体"来比喻，方便大家理解和记忆。

"耳目" ——

阳明先生发现，官军想要干点儿什么事情，土匪马上就知道了。他们肯定有耳目潜伏在这里。仔细查！一个老衙役很快被挖了出来。阳明先生把他叫过来，关上门，直接对他说：你选个死法吧。老衙役一开始还假装不知所措，不知所云。阳明先生说出掌握的细节，确定无疑，岂容抵赖！结果这个眼线当场跪地求饶，哪种死法也不想选，因为不想死。不想死也行，把你们工作的流程和信息传递的通道交代清楚，然后你还得为我所用，你就可以不死。

之后，阳明先生推行"十家牌法"。所谓十家牌法，就是把十户人家编在一起，每户都有什么人，叫什么名字，年纪多大，做什么工作，非常清晰地记录在一个牌子上。例如，你是第一户，我是第二户，今天你就拿这个牌子，在这十家走一圈，按照牌子逐家逐人比对，看有没有人员变动。如果有外人，马上现形。以前，土匪往往装作亲戚朋友潜伏在老百姓家里刺探军情；现在，如果有外人出现，老百姓马上报官。然后第二天，就是我，第三天就是第三户……依此类推。如果有人包庇，十家连坐，大家相互监督。这个办法一推行，自然而然就把土匪的眼线、耳目给斩断了。

"口"——

嘴巴能做很多事情，其中一个作用就是吃饭。以吃饭为例，军队的吃喝用度肯定需要财力支撑。所以，阳明先生就开始疏通盐法，修改商税，拿闲置的土地来屯田，把平时官府、军队浪费的费用尽力节省下来，惩处贪污，等等，阳明先生用各项措施来保证稳定有力的经济支撑。

"手"——

打铁也好，打仗也罢，都要用到手。如果手无缚鸡之力，那什么都干不了。原来的军队训练废弛，骄惰厌战，根本打不了仗。以往，若要出动剿匪，官军只是集合起来，就需要十来天；到目的地又需要十来天；还没开战，二十多天，甚至一个月已经过去，土匪早已抢完、烧完，跑回去了。官军集合起来如此之慢，估计很多人平时都不在岗。遇到土匪，这些官军比谁跑得都快。来的时候蹒跚拖沓，跑的时候健步如飞，就是这个状态。如果说朝廷下了狠心要求必须得打，那这些人打不了怎么办呢？解决办法就是从广西调狼兵来救急。手没力气，只能找帮手来。了解狼兵的人知道，他们曾经抗击过倭寇，确实很能打，但是问题也很多。第一个是很费钱，他们来打仗可不是免费的。第二个，从广西到这边来，还是一样的问题：非常慢。狼兵还在路上，土匪就知道了。土匪劫掠完毕就跑了。他们到了地方却找不着土匪，怎么办？这些狼兵非常勇猛，一个很重要的原因是其杀敌与领赏的密切关联。领赏靠的是敌人的脑袋，你手里提着几个脑袋，领的奖金与之相对应。于是，就出现了滥杀普通老百姓来充数、冒领军功的现象，这种情况有多恶劣，可想而知。

阳明先生要解决这个问题，从这几个角度下手：

第一，把现有的部队裁掉三分之一，挑选较好的兵士，留下三分之二。裁掉的这些人只保证他们最基本的生活开销，然后省下的钱作为经费，用以犒赏军功。

第二，每一个县，精挑细选十人左右。如果没那么多出色的，八九个也行；如果还挑不出来，那就花钱去招募，所谓重赏之下，必有勇夫。一个县只挑出十几个人，那会挑出来什么样的？用阳明先生的要求讲叫"魁杰"，就是人中龙凤，武艺高强，力能扛鼎……都是这样的角色。于是，这些"魁杰"们组成一个特别强悍的"特种部队"。江西、福建各精选五六百人，广东、湖广各精选四五百人，共计两千余人。虽然只有两千多人，但用阳明先生的话讲，兵在精，不在多。这两千多人作为一支真正意义上的特种部队，由他来直接调遣，专啃关键处的硬骨头，这个方法后来被证明效果极其明显。

"虽柔必强"，出自《中庸》，在《传习录》里阳明先生曾着力强调。这个"手"，已经从不可缚鸡到强悍有力，而且手握尖刀。

再说"脚"——

从哪个角度讲呢？临阵的时候，战士的脚尖朝着敌人往前冲，还是背对着敌人往回跑，战果就非常不一样了。之前，这些官兵一看见土匪就跑，是为什么呢？冲上去有可能会死，即便你杀几个土匪立了功也没有奖励；但要是逃跑的话，却能保住性命，还不受罚。冲上去可能会死，立功也没有奖励；逃呢，会活，也没有惩罚。那他们会选择哪一个？

阳明先生要解决士兵"脚尖朝向"的问题。这是一个非常系统且需要迅速见效的工作，极具挑战。我们在这要多花些笔墨讲一下，同时体会阳明先生处理棘手问题的风范。

我们先看一下阳明先生给杨一清的《寄杨邃庵阁老书》，虽然这封信并非涉及南赣汀漳这段历史，但是从中可以看到精要。我们摘取一部分：

> 万斛之舵，操之非一手，则缓急折旋，岂能尽如己意。临事不得专操舟之权，而偾事乃与同覆舟之罪……

要办事，办大事，办事的人心里要清楚该怎么办，这是第一。第二，要调动各种人力、物料，如果不能指哪打哪，一切枉然！所以，要操这"万斛之舵"，就必须要有"专操舟之权"。不是为了权力本身，而是为了能够"齐一人心"而心到身到。于是，阳明先生写了一封特别长的《申明赏罚以励人心疏》。

首先，招抚太滥。

> 盗贼之性虽皆凶顽，固亦未尝不畏诛讨。夫惟为之而诛讨不及，又从而招抚之，然后肆无所忌。盖招抚之议，但可偶行于无辜胁从之民，而不可常行于长恶怙终之寇；可一施于回心向化之徒，而不可屡施于随招随叛之党。南、赣之盗，其始也，被害之民恃官府之威令，犹或聚众而与之角，鸣之于官；而有司者以为既招抚之，则皆置之不问。盗贼习知官府之不彼与也，益从而仇胁之。民不任其苦，知官府之不足恃，亦遂靡然而从贼。由是，盗贼益无所畏，而出劫日频，知官府之必将己招也；百姓益无所恃，而从贼日众，知官府之必不能为己地也。夫平良有冤苦无伸，而盗贼乃无求不遂；为民者困征输之剧，而为盗者获犒赏之勤；则亦何苦而不彼从乎？是故近贼者为之战守，远贼者为之向导；处城郭者为之交援，在官府者为之间谍；其始出于避祸，其卒也从而利之。故曰"盗贼之日滋，由于招抚之太滥"者，此也。

其次，兵力不足。

夫盗贼之害，神怒人怨，孰不痛心！而独有司者必欲招抚之，亦岂得已哉？诚使强兵悍卒，足以歼渠魁而荡巢穴，则百姓之愤雪，地方之患除；功成名立，岂非其所欲哉！然而南、赣之兵素不练养，类皆脆弱骄惰，每遇征发，追呼拒摄，旬日而始集；约束责遣，又旬日而始至；则贼已辎载归巢矣。或犹遇其未退，望贼尘而先奔，不及交锋而已败。以是御寇，犹驱群羊而攻猛虎也，安得不以招抚为事乎？故凡南、赣之用兵，不过文移调遣，以苟免坐视之罚；应名剿捕，聊为招抚之媒。求之实用，断有不敢。何则？兵力不足，则剿捕未必能克；剿捕不克，则必有失律之咎，则必征调日繁，督责日至；纠举论劾者四面而起，往往坐视而至于落职败名者有之。招抚之策行，则可以安居而无事，可以无调发之劳，可以无戴罪杀贼之责，无地方多事不得迁转之滞。夫如是，孰不以招抚为得计！是故宁使百姓之荼毒，而不敢出一卒以抗方张之虏；宁使孤儿寡妇之号哭，颠连疾苦之无告，而不敢提一旅以忤反招之贼。盖招抚之议，其始也，出于不得已；其卒也，遂守以为常策。故曰"招抚之太滥，由于兵力之不足"者，此也。

既而，赏罚不行。

古之善用兵者，驱市人而使战，收散亡之卒以抗强虏。今南、赣之兵尚足以及数千，岂尽无可用乎？然而金之不止，鼓之不进；未见敌而亡，不待战而北。何者？进而效死，无爵赏之劝；退而奔逃，无诛戮之及；则进有必死而退有幸生也，何苦而求必死乎？吴起有云："法令不明，赏罚不信，虽有百万，何益于用？凡兵之情，畏我则不畏敌，畏敌则不畏我。"今南、赣之兵，皆"畏敌而不畏我"，欲求其用，安可得乎！故曰"兵力之不足，由于赏罚之不行"者，此也。

最后，给出了解决办法：

兵得随时调用，而官无观望掣肘，则自然无可推托逃避，思效其力。……今使赏罚之典悉从而申明之，其获效亦未必不如是之速也。伏望皇上念盗贼之日炽，哀民生之日蹙；悯地方荼毒之愈甚，痛百姓冤愤之莫伸；特敕兵部俯采下议，特假臣等令旗令牌，使得便宜行事。如是而兵有不精，贼有不灭，臣等亦无以逃其死。夫任不专，权不重，赏罚不行，以至于偾军败事，然后选重臣，假以总制之权而往拯之，纵善其后，已无救于其所失矣……

这里面着重提出一段文字：

> 古者赏不逾时，罚不后事，过时而赏，与无赏同；后事而罚，与不罚同；况过时而不赏，后事而不罚，其亦何以齐一人心而作兴士气？是虽使韩、白为将，亦不能有所成。

没有赏罚，让韩信和白起来指挥也无济于事；若要赏罚高效，必须让指挥官有充分的决定权。逻辑清晰、简洁、明了！

南赣汀漳的百姓是幸运的，因为来了一位神一样的阳明先生。以往的办事官员"宁使百姓之荼毒，而不敢出一卒以抗方张之虏；宁使孤儿寡妇之号哭，颠连疾苦之无告，而不敢提一旅以忤反招之贼"，高下立见！阳明先生内圣外王、大公无我的仁心，必然会促使他做出这样的选择，而非同之前的人一样，坐视自保。同时，兵部尚书王琼大力支持，满足了阳明先生"特假臣等令旗令牌"的要求。于是乎，阳明先生可以较为自由地"便宜行事"。

我们来看一下阳明先生的具体操作。

首先是罚，罚的最极端状况就是"斩首"。斩首有以下几种情形：在约定好的时间内，如果你没到位，那就斩领头的；如果临阵脱逃，当场就斩！还有其他的惩罚规定和案例，都会公示出来，选择几个典型当众处理。

看完惩罚，再看奖励。我们引录一个"奖励牌"如下：

> 乃今一鼓而破……访得湖广统兵参将史春，纪律严明，行阵肃整，故能远扬威武，致兹克捷，虽兵不接刃而先声以张，相应差官奖励。为此牌差千户高睿，赍领后开花红礼物，前去湖广郴州亲送本官营内，传布本院奖励之意，以彰本官不显之功。

(《奖励湖广统兵参将史春牌》)

大家心里很清楚了，王大人来真的，不好好干就会被惩罚；而勇猛立功，真有奖赏。杀死一个土匪，奖励五两银子，两个就是十两；三个呢，就进一级；如果阵亡，待遇还可以世袭。奖励丰厚，而且当机立断，当时就奖，真的"赏不逾时"！

奖赏不光有银两，还有"羊酒""花红""彩亭鼓乐"，荣耀尊崇，冲击力极强。一切变得非常不同了，以往那些没战斗力，只会"望风而逃"的将士们，居然出现了"纪律严明、行阵肃整、远扬威武"的典型；还有能"先事运谋，潜行剿袭，一夕之间，攻破巢穴，扑燎原之火于方燃，障溃岸之波于已决"的楷模。"谋勇显著，功劳可嘉"！兵还是那些兵，但是换了一个王大人，气象地覆天翻！

眼睛、耳朵、嘴巴、手脚的问题都解决了，现在这副身板很灵敏、很"硬"了，可以漂亮自如地打铁了！

百里妖氛一战清

在来赣州的路上，阳明先生已经做了非常多的研究工作。南赣汀漳这一带，大土匪集团五六个，小土匪集团几十个，大致什么情况，基本做到了然于心了。

阳明先生动手前开个军事会议：先动谁？实力最强的：池仲容；离赣州最近的：谢志珊；相对较弱的：卢珂。有人说先打最弱的，来个开门红；有人说先打最近的，好打；有人说先收拾池仲容，把最难啃的骨头啃下来，其他就好办。阳明先生果断决定，先打詹师富！

詹师富，在福建和广东交界处，既不是最大的，也不是最弱的，他是最远的。估计连他自己都想不到，他是第一个接受"洗礼"的。阳明先生没动手的时候，悄无声息，一点儿动静都没有；一动手，便迅雷不及掩耳，从下命令到调集军队，再到兵临城下，不过十几天而已！年味还未散尽，阳明先生的部队已经磨刀霍霍，集结在詹师富所在的长富村！

　　詹师富地盘上的居民，住的大都是土楼。土楼的结构就跟碉堡差不多，所以以前的官军基本上都不敢往里打，进去之后就被瓮中捉鳖，很难活着回来。阳明先生授以秘技，告诉大家别硬打，用火攻。小分队突击，冲进去就放火，放完火就往外跑；同时在外面也放火。土楼的结构固守有利，但是遇到火攻，有利的结构马上成了大问题，火势迅速蔓延。大火一烧，土楼里面犹如烤箱，土匪争先恐后往外跑，官军就在出口"守株待兔"、以逸待劳，收获颇丰。詹师富措手不及，这一仗被打得很惨，带着残兵败将，跑到他的老巢象湖山去了。

　　阳明先生带领他的两千精锐部队，到了上杭，在这里驻扎。然后，他开始犒赏将士，并且放出风去，说我们打了个胜仗很开心，吃饱喝足就回去了，秋天再调集狼兵来。以前都是这样，动不动就调狼兵，詹师富虽然打了败仗，但他觉得，新来的官军也不过如此，跟原来没什么大的区别，所以就掉以轻心了。在一个月黑风高的夜晚，兵将们嘴里面叼根棍子，原文叫"晦夜衔枚"，偷偷摸了上来。看过《三国演义》的朋友肯定了解这个场景，嘴里叼着个东西，你不可能发出太大的声音。官军出其不意，突进象湖山。因为象湖山的这些人还处在比较松懈的状态，阳明先生亲自督战，一举拿下！

　　四月份，阳明先生班师回到赣州。历时三个多月，盘踞了十多年（也有人说詹师富盘踞了几十年，总之时间很长）的詹师富土匪集团被彻底剿灭。当初，大小土匪都没太在意，几十年来都是老样子，巡抚大人换了一个又一个，换汤不换药。但是没想到的是，这次新任巡抚大人来真的了。詹师富毕竟不是小孟贼，新来的王大人只用三个月就把他处理干净了！这下很多人心里面开始打鼓了，不得不思考，下一个是不是自己？

然后呢？这位王大人居然半年时间一点儿动静都没有。这半年里，阳明先生在做什么？他干了几件事情。第一件，训练自己的军队。这次训练可是下了苦功夫了，阳明先生的目标就是像一个人指挥自己的胳膊，胳膊指挥手指一样整齐划一，指哪打哪。第二件，疏通盐法，修改商税，为自己的军队后勤和补给提供非常稳固的保障。第三件，在九月份的时候，给大大小小的土匪头目们，写了一封公开信。信的主要内容有四：

其一，我知道你们都是好人，只是因为形势所迫，不得已才走到今天这一步的。那"形势所迫"当中有几点：官府所迫、大户所欺、土匪侵夺。特别值得注意的是，很少有或者几乎没有官员会对土匪讲，你们走到今天这一步，是因为官府的压迫！阳明先生就敢这么说。

其二，我并不忍心杀你们。杀人太多，会殃及我的子孙，所以我不愿意做。但是有时候事有必然，无可奈何！如果父母有十个孩子，有两个非常恶，想要害其他八个，父母不忍心杀也得杀，因为不杀这两个，那八个就得死。其实不是我在杀你们，而是因为你们违反天理，上天要杀你们。

其三，你们现在当土匪，收入估计也不多吧，也可能是饱一顿饥一顿吧，而且每天哆哆嗦嗦，担心被官府抓住甚至处死，是不是？如果把你们现在吃的苦，用在辛勤劳作上，你们就能够安居乐业了。我现在来了，只要你们能够改过自新，放下屠刀，我就能让你们过上安稳的日子，以前犯的错可以既往不咎。

其四，如果你们不听劝告，非要恶意顽抗的话，你们要明白，我把你们围上之后，你们的兵源和后勤补给，都会变得越来越少；而我这边，兵源和补给却源源不断，取之不尽，用之不竭；最后灭掉你们，只是个时间的问题。

很多明白人听明白了。例如黄金巢，就带着他的部众来投降了。另外一个人就是卢珂。我之前提过，有人建议先打卢珂，因为卢珂实力弱比较好打，把他剿灭了之后，最起码是开了一个好头。但是阳明先生要下一盘大棋，在什么时候，到什么程度，落什么子，心里都是有数的。最开始他如果说不用打，而是去招降的话，卢珂一定不愿意，因为他还没有看到阳明先生的实力。但是，詹师富被轻松灭掉之后，卢珂心里面就发生了微妙的变化。再收到这封信，卢珂就想明白了。还有很关键的一点，阳明先生做了很多研究得知：卢珂以前是个乡绅，并没有什么劣迹，因为被土匪逼急了，才拿起刀枪，带着自己的一群兄弟也变成土匪，也是为了保护家人。所以说，他很容易弃恶从善。卢珂被招降后，积极参与攻打谢志珊、陈曰能的战斗。事实证明，卢珂真的一心向善，不想再做土匪了。

到了十月份，一切已经准备得相当充分。于是阳明先生就放出风去，扬言要打桶冈。桶冈的匪首是蓝天凤。桶冈、左溪和横水，连在一块，位于今天江西的崇义一带。左溪和横水，是所谓的"征南王"谢志珊占据的地方。他的实力很强，仅次于池仲容。桶冈的蓝天凤，相对要弱一些。阳明先生表示要打桶冈，蓝天凤马上就开始紧张戒备。然而，阳明先生的军队却在前往桶冈的途中，迅速转向，直扑谢志珊。

在这里我们要讲一个小插曲。在打谢志珊之前，在那安静的酝酿准备的六个月里，阳明先生做了一件事：他派了一个小分队，找到了一个叫张宝的人。谢志珊的山头里，洞穴有八十多个，交通要道纵横密布，很难突破。给他建设这么复杂、高级的防御工程的总工程师，就是这个张宝。张宝来到军中，可谓知无不言，言无不尽：机关在哪里，突破的机宜是什么，人员的布置如何如何……一一秘授。

开打的时候，官军正面佯攻。谢志珊非常自负，觉得自己的山寨一夫当关，万夫莫开，谁也休想突破进来！果然，战斗持续了半天，山寨"固若金汤"。但是，后院很快就"起火"了。各个地方都开始慌乱，还有人在大声喊叫："老大已死！""谢志珊已经死了！"为什么说"擒贼先擒王"呢？贼有一个特点，他们心里面要么扭曲，要么阴暗，很难真正精诚团结在一块。

老大在的时候，大家可以捏在一起，老大一死，马上成一盘散沙。大家一听老大已经死了，那还干个什么劲呢，赶紧逃命去吧！所以一部分人跑到了桶冈，投靠了蓝天凤。

阳明先生给蓝天凤写信，问他要不要投降，蓝天凤犹豫不决。在他犹豫的时候，阳明先生的部队已经到了寨前，一鼓作气，迅速突破桶冈。大小贼匪，被悉数剿灭干净。

十二月份，阳明先生再度班师回到赣州。稍作调整之后，他就把目光投向最后一个大土匪头子——池仲容。其实在九月份，池仲容也收到了那封信。他心里面很抗拒，不肯投降。不过他不敢直说，所以就派自己的弟弟池仲安，带着几个老弱病残的手下，到阳明先生那里去"报到"。并且明确表示，我大哥准备投降了。但是，因为家业比较大，有些兄弟还不愿意，所以需要点儿时间去做思想工作。为表诚意，大哥派我带兵前来助战。

阳明先生一看他带来的这几个人，心里面就明白了。到十二月份时候，阳明先生派人到池仲容的老巢去，敦促他尽快推进工作。来使发现，山寨里正在不断地加固工事。池仲容原来还抱有侥幸心理，但是一看谢志珊也被阳明先生轻易拿下，心里面就开始担忧了。为了能够负隅顽抗，他认为必须得把防御系统修得更坚固。

来使自然眼里不揉沙子。于是池仲容马上解释说，自己绝无二心，不过，卢珂以前跟他有过节，卢珂的弟弟，整天琢磨着要过来攻打，所以他才做这些准备。

来使回去禀报了所见所闻。阳明先生于是跟卢珂密谋一番……有一天，在阳明先生和池仲安讨论池仲容接受收编的事情时，卢珂就冒冒失失地来了，他张口就说："王大人，我告诉你，池仲容这个家伙极其阴险狡诈而且凶残，他是绝对不会投降的，您可要小心有诈！"

阳明先生马上就怒了：好你个小小的卢珂！我已经和池仲容达成互信，正在商讨收编的事情，他心怀坦荡，非常有诚意。你在这里挑拨，是什么意思！直接推出去打三十军棍，然后扔进监狱。

池仲安见状，没有做声，事后赶紧派人回去跟大哥汇报此事。池仲容判断，最近这段时间应该是安全的，官军应该不会对自己动武。

快要过年了，阳明先生要颁布新的年历。他特意准备了一份送给池仲容。来使过来给池仲容讲：你看，王阳明大人对你这么关心，诚意这么足，你是不是也应该过去表示一下？你这老是按兵不动叫个什么事儿，是吧？池仲容也觉得应该没什么危险，就带了九十多个彪悍的护卫来到赣州。

其实最初，阳明先生并没有一定要杀池仲容的意思，只是要把他擒住，然后再看他有没有能够被感化的可能性。但是，经过一小段时间接触，阳明先生看得很明白，这个人确实极其狡诈凶残，短期内改造的可能性很小。于是，他就动了杀心。

到了腊月二十三，池仲容表达了返程的想法。阳明先生说：你看此刻，已经刀枪入库，马放南山，各处张灯结彩。如此喜庆，你就别走了，在赣州看一下花灯，过了年再回去。再说，你现在往回走的话，在春节之前肯定到不了家。

池仲容只好留下来，在这每天有好吃好喝，有人伺候着，也乐得逍遥。

正月初二，在祥福宫，阳明先生杀猪宰羊，要送池仲容上路。在祥福宫里，已经埋伏好杀手。第二天，在池仲容带着他的兄弟们大吃大喝的时候，阳明先生的精锐部队，已经全速开赴池仲容的老巢。很快，"金龙霸王"的窝被一举端掉，少量残兵败寇跑了出去，逃到了九连山。九连山里面也有一些土匪。阳明先生派的七八百人，穿上池仲容匪兵的衣服，到了寨门下，都没费什么功夫，直接就把寨门叫开，然后大家一拥而入，又把这些人统统拿下。

在消灭大匪巢的同时，官军也扫清了很多中号的和小号的山头。比如之前我们提过的，在湖广、郴州一带所谓的"延溪王"龚福全，在谢志珊被攻打期间，也被消灭了。其余的零星蟊贼，像九连山那种体量的，基本是顺路就给收拾了。

阳明先生一共用了十五个月（中间还休整了六个月），把南赣汀漳一带屡剿不下、盘亘了几十年的匪患，悉数荡平！

在班师的归途，天高云淡，江河澄澈，阳明先生内心激昂，挥笔成诗：

> 百里妖氛一战清，万峰雷雨洗回兵。
>
> 未能干羽苗顽格，深愧壶浆父老迎。
>
> 莫倚谋攻为上策，还须内治是先声。
>
> 功微不愿封侯赏，但乞蠲输绝横征。

　　无我而与造化同游，亲民而成就盖世奇功，人生若是，其乐若是！

心
中
贼

在去捣毁池仲容老巢的路上，阳明先生给他的弟子薛侃和杨士德写了一封信。在信里就有那两句特别著名的话："破山中贼易，破心中贼难。"贼，不可纵留，到底是因为什么呢？其实就在于破坏了公理、天理的正常运行。举个例子。比如说你是一个农民，你妻子在家里织布、带孩子，喂喂鸡、养养猪；你也很勤劳，日出而作，日落而息；虽说家里收入不是很多，但是自给自足没问题，其乐融融，岁月静好。

有一天，你劳作一天回到家，发现房子被烧了，妻子孩子都不见了，鸡鸭猪都被抢走了；你妻子织布的机器也被砸了，织的半块布也被撕掉。你正在发愣的时候，又来了一波土匪，要么直接把你杀掉，要么把你掳到山上去做土匪。这个就是贼干的事情：本来岁月静好，现在变成鸡飞狗跳。

龙场之后，无论是之前在北京，还是后来在滁州、在南京，阳明先生讲学的时候，环境相对还是比较祥和、轻松的。在这些地方，虽然也有很多人反对他的学说，但是跟每天都在上演生死斗争、经常看到凶险恶劣、血淋淋场景的南赣汀漳来比，完全不可以同日而语。他发现，其实贼之所以做贼，是因为他心里面有一个问题：贼的私心犹如烈焰肆虐。当他心里有一个十恶不赦的私心时，你家的地、你家的牛、你家的老婆孩子、你家的鸡鸭鹅猪，本来是你的，但现在，贼要把你的一切都拿走。普通人也有私心，只是没那么强烈，比如说爱占小便宜、喜欢听别人的恭维、不喜欢被批评、喜欢在人前显摆、好逸恶劳，等等。导致人心不安不定，不妥帖，做事便不安不定，不妥帖。所以，等到把这些土匪都剿灭之后，阳明先生腾出手来，要把问题从根本上解决。若想人不再做贼，要破除心里的"私"。

人间有贼，人间不宁。人心有贼，人心不平！人心不平，行入邪道。行入邪道，人身做贼！

"万化根源总在心。"山中贼已经破尽，心中贼靠什么破除？靠心学。

刊刻《传习录》

百战归来，民生趋定，阳明先生潜心讲学，以复人心。

正德十三年（1518）七月，《大学古本傍释原序》和《大学古本傍释后跋》得以刊刻。在后来的《与黄勉之》中，阳明先生说："古本之释，不得已也。然不敢多为辞说，正恐葛藤缠绕，则枝干反为蒙翳耳。"阳明先生何曾训诂作疏，但是这次却很系统地做了几件事：序定《古本大学》，作《大学古本傍释》，然后把在南京整理的《朱子晚年定论》也刊刻发行；更为重要的，八月授命其弟子薛侃刻印《传习录》。

恰似为了破除南赣汀漳的山中贼，阳明先生做了非常多的准备工作一样，他这次要破除人们的"心中贼"，刊刻的这些书籍，便是破贼的精锐武器！

《传习录》是心学最核心的教材，分上、中、下三卷。上卷分成三个部分：徐爱早年记录的十四条，陆澄和薛侃记录的一百一十七条（有的版本为一百一十五条）。这次在赣州由薛侃主持刻印的就是《传习录》的上卷。

这是阳明先生对心学非常系统的一次梳理。自龙场悟道以来，他经过庐陵、北京、滁州、南京以及江右岁月，心学的核心原理和创见，都融会在这本《传习录》中。以往讲学，口耳相传，一来受众面小，二来学生课后自学没有统一的教材。《传习录》作为标准教材，开始发行！

九月，濂溪书院修建完成，阳明先生讲学更为便利。

自龙场悟道以来，阳明先生不断提纯和淬炼心学的奥义和教法。心学本自万物一体之仁，本自天人合一之源，心身、心物、知行本自合一。阳明先生在经历了许多不平凡的事情之后，将心学本有的光芒打磨得越发光辉，明明德、亲民和止于至善，一以贯之！

阳明先生擦亮了人心本有的光，这光源自天理、天则、天德；这天理、天则和天德，也让阳明先生的人生无比充盈，神感神应，无往不胜！

宸濠之乱

宁王朱宸濠在江西蓄谋十年之久，觊觎皇位。正德十四年（1519）六月十四，是他的生日。这一天，他大排筵宴，江西境内的大小官员，大部分到场。在这个场合，有一件大事即将公之于众。

就在几天前，六月初九，阳明先生奉命去处理福建军人哗变的事情。不过，他没有从赣州直接往东南去福建，而是顺赣江而下，一直奔南昌去。对此有两种说法：有人说他是去赴朱宸濠生日宴的；有人说他准备把家眷放在南昌，处理完福建的事，再接上家眷回浙江老家去省亲。不管怎么讲，反正他是奔南昌来了。六月十五，他的船只到达丰城，已经离南昌很近了。丰城知县顾佖把阳明先生拦住，告诉他："王大人不要再往前走了，朱宸濠已经起兵叛乱！"阳明先生听后很镇定，表示"不用担心"，他自有办法。我们一直在讲，阳明先生"不动心"，时时处处都体现着这一点。这点极其关键，也极为有用。其实，我们讲任何一段阳明先生的故事，都是一种具象化的呈现，最终我们还是要透过这些事去体会心学。心学讲"理本不动""心即理"，故而"心本不动"。如果我们能学到哪怕只是心学的一小部分，它都将在我们的生活、工作、学习中发挥极大作用。

阳明先生马上调转船头，目的地是附近的吉安。在船上，他迅速分析这突如其来的局势，然后提起笔写下了一份火牌：

> 提督两广军务都御史杨为机密军务事：准兵部咨及都察院右副都御史颜咨，俱为前事，本院带领狼达官兵四十八万，齐往江西公干。定于五月初三日在广州府起马前进，仰沿途军卫有司等衙门，即便照数预备粮草，伺候官兵到日支应。若临期缺乏误事，定行照依军法斩首。朝廷先差颜等勘事，已密于两广各处提调兵马，潜来袭取宸濠。

大致意思就是提督两广军务都御史杨旦发出一份公文，要求沿途相关部门准备粮草，他要带着大批人马赶赴南昌"公干"。写完，阳明先生安排人潜入南昌，四处散发。当然，他最想送达的对象是朱宸濠。毫无悬念，朱宸濠"顺利"拿到了这个火牌，遂疑窦顿生！

阳明先生曾经做过庐陵知县，庐陵就在吉安。吉安的知府叫伍文定，曾跟随阳明先生平定匪患，文武双全，非常能干。两人是同一年的进士，彼此相熟。所以，吉安是非常理想的可掌握之地。

十八日，阳明先生到了吉安府。刚进门，伍文定就对阳明先生说："王大人，想必您已经知道朱宸濠叛乱的事情了？"阳明先生说："对！我们现在就处理这个事。"

伍文定看了看阳明先生屈指可数的几个随从，就偷偷地问阳明先生的谋士龙光："王大人这次带了多少军队来？"龙光说："就我们这几个。"

经历过南赣汀漳的传奇经历，伍文定自然知道阳明先生妙计频出。但是，这次事态这么紧急，没兵没丁，如何是好？阳明先生也不解释，只是要求伍文定马上把能够写字的人都召唤过来，纸墨笔砚备好。然后提笔蘸墨，开始写。写什么？写一篇《迎接京军文书》，其中有这样的内容：许泰、郤永，带四万边军从凤阳出发，陆路奔南昌；刘晖和桂勇，带四万边军，从徐州、淮安水陆并进分袭南昌；王守仁带两万人屯兵吉安府；秦金（提督湖广军务都御史）带六万人已抵达黄州；杨旦带八万人（四十八万军的先头部队）已经驻扎在赣州。此外，各府知府也集合了近十一二万兵马，合计二十七八万人马，枕戈待旦，只等宁王一出南昌城，聚力歼之！

还是一样的办法，写完一份发出一份，发到"相关单位"，自然又会被朱宸濠截获。朱宸濠一看，不光有杨旦，还有王守仁，还有秦金，都是硬角色！各路人马的"先头部队"貌似已经迫近南昌，还有更多"后续部队"陆续前来。看来，朱厚照早已发觉自己的动向，已经提前很长时间就下手了。朱宸濠的半信和半疑开始微妙地此消彼长，恐惧占了上风。

接下来朱宸濠会有什么举动？大致有三种可能：其一，迅速出兵奔南京。南京守备比较空虚，打下南京之后，拜他的祖宗，在那里登基，然后再图北京；其二，一步到位，乘其不备，直扑北京；其三，暂留南昌，徐徐图之。

朱宸濠会怎么选先不管，阳明先生要替朱宸濠做主，选一个对朱宸濠最不利的：留在南昌。哪怕只是十天半月，也足够了。

所以，阳明先生一支笔，妙笔生花，让朱宸濠花了眼、乱了心，不敢轻举妄动了。朱宸濠疑心特别重。阳明先生一来与他往来并不少，二来对他的心思邪念早有察觉。所以，阳明先生可以摁住他的"脉门"，给他对症开一个"方子"，而且还要让他自己把"药"抓了、煎好、吃了。

上面这些妙笔生花的动作还不是"方子"的全部，还得再加一味，然后再来一个劲头很猛的"药引子"！

在罗列兵马来源和数目的同时，当局还在这些"缜密"的文书里做了详尽的战略分析，大致意思如下：如果朱宸濠要在南昌城里待着，我们去打的话，就比较麻烦。北方的军队，尤其是许泰等人的北方军队，到南方来，对气候、饮食等方面都不适应；你们少安毋躁，不急于奔袭至南昌。直接攻打城池的话，会很费力，伤亡也大，必定事倍功半。所以，我们现在的策略是要给朱宸濠布下一个口袋阵，就等他离开南昌，一举歼灭，"为力甚易"！

那"劲头很猛的药引子"又是什么呢？

朱宸濠身边有两个最重要的谋士，一个叫李士实，另一个叫刘养正。阳明先生揭示"机密"，透露说：这两个人，跟我也很熟，是我们的内应。实际上阳明先生跟这两个人确实不生疏。因为李士实也曾是京官，在北京做官的时候，跟阳明先生是同僚。刘养正呢，彼此比较熟，他还曾到赣州拜访阳明先生。所以阳明先生说"和他们很熟，他们是其内应"是说得过去的。阳明先生继续表示：他们两人会在朱宸濠身边"献计献策"，让朱宸濠尽快离开南昌，直奔南京而去。然后我们在途中设下天罗地网，一举将其歼灭！如此，便可以毕其功于一役。岂不快哉，何必攻城？朱宸濠实在想不通，这么机密的消息怎么这么快就泄露了？对常侍左右、对情况无所不知的李士实跟刘养正，怎么看怎么觉得不对劲儿。

"药引子"的催化作用要开始发挥了。紧接着，朱宸濠又收到了阳明先生写给李士实和刘养正的亲笔"回信"。注意，是"回信"。当然也是被朱宸濠截获了。里边的内容是什么呢？我们引用一下原文，来自钱德洪编写的《征宸濠反间遗事》，如下：

又与龙光计议假写回报李士实书，内云："承手教密示，足见老先生精忠报国之本心，始知近日之事迫于势不得已而然，身虽陷于罗网，乃心罔不在王室也。所喻密谋，非老先生断不能及此。今又得子吉（刘养正）同心协力，当万万无一失矣。然几事不密则害成，务须乘时待机而发乃可。不然恐无益于国，而徒为老先生与子吉之累，又区区心所不忍也。况今兵势四路已合，只待此公（朱宸濠）一出，便可下手，但恐未肯轻出耳。昨凌、闵（凌十一和闵廿四，朱宸濠的统帅）诸将遣人密传消息，亦皆出于老先生与子吉开导激发而然。但恐此三四人者皆是粗汉，易有漏泄，须戒令慎密，又曲为之防可也。目毕即付丙丁（焚毁），知名不具。"

然后，给刘养正也如法炮制了一份。

这"药引子"效果如何？"宸濠由是愈疑刘、李，刘、李亦各自相疑惧，不肯出身任事。以故上下人心互生疑惧，兵势日衰"。

李、刘二人毕竟不是酒囊饭袋，他们一定会给朱宸濠"速取南京"的建议。他们的建议越积极就越激起朱宸濠的疑惧，就越发不肯"就范"。阳明先生的目的也就达到了。

按照最初的计划，朱宸濠的部队在六月十七日出发，他自己于六月二十二日起程，直奔南京，"谒陵即位"。但是，一拖就拖到了六月二十七日，宁王朱宸濠终于发现上当了，于是派出先头部队攻打安庆。

七月初一，心情复杂、懊丧万分的朱宸濠离开南昌，也带兵北上。

在进行"艺术创作"的同时，六月十九日，阳明先生上《飞报宁王谋反疏》；二十一日，上《再报谋反疏》，奏请朝廷出兵平叛。阳明先生还写了很多公文、书信去邻省请援。但是，两广、湖广、福建、浙江、安徽等地，没有一兵一卒及时前来参加他的这次平叛战争。虽然说福建的周期雍得到消息之后，星夜兼程而来，但是第一因为太远了，第二阳明先生这边动作实在太快了，等到他们过来的时候，叛乱已经平定。

安庆虽然只有一千多守军，但是却硬生生顶住了朱宸濠大军的疯狂进攻长达十八天之久，城池固若金汤，堪称奇迹。安庆知府张文锦、守备都指挥杨锐、指挥使崔文、通判何景旸，以及无数的官兵、百姓拼死苦战，伤亡惨重。如果说阳明先生用一支笔赢得了宝贵的十几天用以集合兵力，那么安庆的官员和军民用鲜血为阳明先生换来了第二个宝贵的十几天！

七月十五日，樟树镇。阳明先生把他能够聚集的人力，都聚集在一块。之所以称其为"人力"，是因为他的"部队"不能称为实际意义上的部队。这些领头的将领，大多都是知府、知县、推官等文职官员。有的人说阳明先生聚拢了"四千多乌合之众，打败了朱宸濠二十万大军"，其实不需要这么夸张地刻意制造悬殊感，来体现阳明先生有多么神奇。阳明先生本身就是"战神"一样的人物，不需要这样渲染。实际上朱宸濠有八九万军队，没有二十万；阳明先生聚拢的人数，也接近四万，准确的数字是 34841 人。人数其实也不少，虽然是文官带队，但是很多都是跟着他在南赣汀漳打过仗的，其中还不乏伍文定这样特别能打的"悍将"，并非所谓的不堪一击的"乌合之众"。

此时，在安庆的朱宸濠接到报告：王守仁带着二十万兵马，正要去打南昌。

阳明先生肯定也要虚张声势一下，声称自己有二十万人马。李士实、刘养正献计：不必顾忌王守仁，赶紧向前突进，一定要把南京拿下来；只要拿下南京，就不用管南昌那边的事情。朱宸濠认为不行，往前进，前途未卜。连个安庆这么久都打不下来，还提什么南京！当务之急，必须回军解救南昌。谁都拦不住，朱宸濠点了两万精锐先行，其他人马陆续回援。

七月十八日，阳明先生的部队推到了丰城。从六月十五日在丰城，知道了朱宸濠叛乱的消息，到六月十八日在吉安开始工作，至七月十五日聚兵樟树镇，再到七月十八日抵达丰城，刚好一个月的时间。要知道，剿匪完成之后，阳明先生已经把部队都解散了。这些人手都是临时集合而来的。

在丰城，阳明先生把部队切分成十二哨，然后对应南昌城的七个城门，谁打哪个门，打进去之后到哪里去集合，安排得非常清晰。这个时候，探马来报：朱宸濠在南昌旁边新旧坟场安排了一千多人，要和南昌的守军相策应。好！晚上先把这个钉子给拔下来！三下五除二，不费吹灰之力就给消灭得差不多。但是也放任小部分人逃回南昌，让他们去行使其"使命"。什么"使命"？逃回南昌的这些失败者，为了推脱失败的罪责，大概率会大肆渲染对手有多强大。本来阳明先生能打仗的声威早就为人所知，再看这些一击即溃的残兵败将如此狼狈，这一万多南昌守军，此刻胆子已经被吓破了一半。

七月十九日，阳明先生在市汊誓师，不讲那么多条条框框，只要将士们记住：一鼓附城，二鼓登城，三鼓不克诛其伍，四鼓不克斩其将！

阳明先生在南赣汀漳剿匪的时候，以军纪严明闻名，大家心里面自然有数。傍晚，部队悄悄地向南昌进发。次日黎明，人马各就各位。此刻的南昌城，已经被围了个水泄不通。面对南昌七个城门，大家都已经摆好阵势，大战一触即发！对方的守军一共才一万多人，分布到七个门，守备单薄程度可想而知。南昌的守军站在城头往下望，大名鼎鼎的王阳明大人带着"十数倍"于己的部队兵临城下，大局已定！伍文定第一个破城而入，其他各哨也纷纷突破。进城之后，一切工作按照之前的周密部署推进，机关钱粮，一应接管封存。

朱宸濠的所谓前锋，数日前从安庆出发，此刻正接近南昌。在这个时间里，阳明先生开始运筹帷幄，制定应对计划。

七月二十三日，朱宸濠的先头部队到达樵舍。阳明先生提前安排好的部队，有序拉开战斗布局。二十四日，在黄家渡两军开战。伍文定带队打头阵，刚一交锋，便"败"下阵来，夺路逃跑。朱宸濠的部队，除了他自有的一部分护卫之外，绝大部分都是收编的土匪。在这样的时刻，其匪性的一面展露无遗：喜欢逞能，组织性、纪律性差，求功冒进，不管不顾……所以伍文定在前面跑得越快，后面这些人就追得越玩命，没多久，朱宸濠先行两万多人的队伍战线就拉得很长很长了。此时，在两翼埋伏的邢珣、戴德孺、王天宇等知府、知县们带着突击队就开始插进来。因为敌军战线拉得过长，在每个局部，阳明先生的伏击部队都形成了相对优势；加之奇兵突袭，敌军震恐，于是阳明先生的队伍迅速占据上风。朱宸濠先头部队的所谓精锐们迅速溃退，开始往回逃命，一路不敢停，直接跑回八字脑。

退到八字脑的时候，朱宸濠也到了。他一看，这"精锐"的先头部队灰头土脸、鼻青脸肿，没回来几个。这几天心急火燎往回奔，现在又来了这一出，想到南昌已破，再想到阳明先生的神威，朱宸濠心里犹如乌云压顶……

阳明先生讲"不动心"。自己要不动心，同时尽量让敌人的心动荡不定。朱宸濠在阳明先生的手掌心里，从"截获"第一封"文书"开始，内心波澜起伏，没有一刻宁静。

朱宸濠想起来一件事：在南康和九江，他还有两股部队。

我们要简单提一下这个部分。最初，有一部分军队驻扎在鄱阳湖，等着朱宸濠从南昌出来，然后跟从大部队一块儿出发。结果左等右等，朱宸濠根本就不出来。然后，这群人自作主张，就把南康和九江给打下来了。自作主张去打是为了什么？

估计是为了抢掠。这浑身匪性的乌合之众，看朱宸濠迟迟没动静，在这傻等也不是个办法，于是决定先干！干完之后，自己先得个"实惠"。这个记载在阳明先生《处置从逆官员疏》里面。朱宸濠下令，赶紧把那两支队伍调过来，但是为时已晚。阳明先生做事滴水不漏，这两处早已被他打扫干净，什么都没剩。

七月二十五日，八字脑，两军主力部队开战！

朱宸濠拿出成箱的金银，用以提振士气，准备跟阳明先生决战。这天刮着北风，从天气条件看，朱宸濠占上风；人数多，占优势。所以，刚开始打的时候，阳明先生的部队吃了亏，有人想往回跑，刚刚开跑，直接就被斩杀。我们之前讲过阳明先生军纪严明，一丝不苟。你要临战脱逃，肯定就是死；你要是往前冲不仅可能不死，还可能立功，那你就选一个吧！此情此境，军法丝毫没有含糊，士兵们就拼命往前硬冲。还有一面，就是伍文定等人的先锋作用。伍文定果敢地站在火炮之间，镇定指挥。自己的眉毛、胡子、头发都已经烧着了，完全不理会，勇往直前！朱宸濠这个时候也拼了，不管不顾地往前冲，结果被伍文定发现了。伍文定指挥部众把所有火炮对准朱宸濠的主舰，一顿狂轰滥炸。眨眼间朱宸濠的战舰中弹炮起火，赶紧回窜。老大往回跑，乌合之众们群龙无首，一传俩、俩传仨，非常"默契"地全都跟着往回跑。

这群丧家之犬垂头丧气地跑回了樵舍。晚上，众人聚集在一处想办法。朱宸濠谋士们的"聪明才智"在这个时候再次凸显出来：大王，咱们应该把所有的船连在一块，明天跟他们决一死战！看到这一幕，真的令人感叹，甚至让人忍不住怀疑这谋士们真的是阳明先生派来的卧底。连舟成陆，以振声威的"妙计"很快就走漏了风声，阳明先生这边连夜准备火攻器具。这个不是小说，这是明晃晃的事实。朱宸濠的左膀右臂们，在危乱之下，头脑昏聩到如此程度。阳明先生那句"此心不动"意蕴究竟多深，此刻颇值得玩味。

《三国演义》的作者罗贯中大约生于 1330 年，卒于 1400 年。这么著名的小说，朱宸濠帐下没一个人看过或者听过？毕竟火烧赤壁实在太著名了。奈何，故事就那般按照同一个剧本重新演绎了一次。第二天早晨，朱宸濠正在和手下开会，他把所有能拿出来的金银财宝，全都给将士们分了，悲情地作战前动员。颇具仪式感的动员会还没完事，外面已经一片火海，连朱宸濠的主舰都被烧着了。

士兵们马上乱作一团，到处寻找可以逃生的缝隙。这时，水面上漂来了很多木牌、竹片，上面写着浅显易懂的文字，大概的意思是只要拿着这个牌子就能免死。士兵们一看马上就明白了，开始奋力捞取，哪里还顾得上打仗。火光之下，喊杀声中，朱宸濠的军队，已经被阳明先生"玩弄"得人不人鬼不鬼，完全丧失了斗志。

宁王两眼一闭，完蛋了！睁开眼，赶紧弄一艘小船逃命。他带了几个贴身侍从，坐着小船慌不择路地逃窜。逃到一处有芦苇的地方，发现芦苇荡里有几艘小船，船上有几个渔夫，朱宸濠赶紧说："我是宁王！你们现在赶紧救我脱险，我给你们很多钱，未来还会给你们升官！"渔夫里有一个小头头，神色自若地审视着朱宸濠，继而两眼放光：王大人让我在这里等你很久了！这个人就是万安知县王冕，他按照阳明先生的布置，在这里以逸待劳、张网待鱼。果然，如阳明先生所料：大鱼自投罗网。

这天是正德十四年七月二十六日。阳明先生平定宁王之乱用了多少天？有人说三十五天，也有人说四十二天，还有人夸张地说是十八天。其实很好算，六月十四日，朱宸濠正式宣布要造反当皇帝。六月十五日，阳明先生知道了这个事情。七月二十六日活捉朱宸濠，二十八日，将其押解返回南昌。阳明先生用了多少天，我们一算就知道了，非常清楚。

凯旋之日，阳明先生提笔写了一首诗：

鄱阳战捷

甲马秋惊鼓角风，旌旗晓拂阵云红。

勤王敢在汾淮后？恋阙真随江汉东。

群丑漫劳同吠犬，九重端合是飞龙。

涓埃未遂酬沧海，病懒先须伴赤松。

阳明先生用如此短的时间，如此小的代价，就把预谋了十几年的宁王叛乱给平息了，试问历史上做到这样战绩的能有几人？

很多人听闻朱宸濠造反的消息，要么选择静默，要么选择逃避。可是，阳明先生虽然手上并无军队，却仍然只身赴险。有人说他是为了成就事功，有人说他是愚忠于武宗皇帝，有人说他是为了救苍生于倒悬。

其实，当我们对心学领悟到足够深的程度时，尤其是明白了"仁者以天地万物为一体"的内涵时，阳明先生为什么在这场浩劫尚未燎原之时，挺身而出，迅速出手，其原因就不言而喻了。

天地间事，即是己事。做好天地间的事，与天德合一，同时，心生至乐……

张许之变

　　朱宸濠已经就擒，按说直接押解入京，武宗皇帝朱厚照想怎么处理就怎么处理；同时论功行赏，然后昭告天下：忤逆者必如朱宸濠，护国者必加封赏！一切稳稳当当。可是，大明王朝的皇帝奇葩特别多，这个朱厚照算是其中的"佼佼者"。朱厚照伙同身边的几个奸佞，要干一件匪夷所思的事情。他们要干什么呢？要去南昌把朱宸濠弄出来，然后扔到鄱阳湖里面，他们再捉一遍。这个行为真是令人啼笑皆非。

　　叛乱已平，却听说皇帝还要来江西"御驾亲征"，阳明先生赶紧上疏阻拦，但是根本拦不住。无奈之下，他迅速把朱宸濠提出来，昼夜兼程，一路向北，准备迎上去赶紧交给朱厚照，让他不要到南方来祸害老百姓。

　　就在这个时候，朱厚照身边的宠臣奸佞江彬、许泰、张忠等人，派出了锦衣卫快马加鞭直奔朱宸濠而来。阳明先生当然不会把朱宸濠给他们，这个耿直甚至大胆的行为其风险之大，不言而喻。阳明先生真正的目的是把朱宸濠交给朱厚照。我都亲手把囚犯给了你，那么你断无可能再亲手把朱宸濠放归鄱阳湖了吧！如果手下代为接管，可以"一不小心"跑了朱宸濠，然后再去捉；如果当面给了你朱厚照，自然也就断了"演戏"的可能。

没能拿到朱宸濠，张忠和许泰恨得牙根儿痒痒，于是对阳明先生的构陷毒计就在他们心里萌生。这个时候，另一个非常重要的角色登场了，他就是张永，当初刘瑾"八虎"集团的成员之一。我们提过，也正是这个"八虎"之一，促成了刘瑾集团的覆灭。张永在刘瑾覆灭之后，所作所为还是比较正面的。张永先于朱厚照到了杭州，他也是奉命来要朱宸濠的。关于这一点，束景南先生的《阳明大传》里面选录了杨一清撰写的《司礼监太监张公永墓志铭》里面的文字，我们摘选部分如下：

> 守仁俘至浙省，会永遮要之，不得前，且谓："已禁使御仗钺，抚臣不得与抗礼。"阃中扉者数日。守仁一旦诣永馆，直坐其卧榻，永为夺气。已而聆守仁言议忠慨，且稍持其阴事，永益靡，然尚持气岸曰："公何为国苦辛如是？盍早投向我怀中？"
>
> 守仁曰："岂有投人王节使耶？公投我怀中，则可与共成国事耳。"永因言："己非负国者，且公不见安化王事耶？"守仁曰："公非负国，何为令主上南征？"永曰："南征亦何害？"守仁曰："自宁藩图衅，江右为墟。顷又继以军兴郊

郭，数千里间，无不析骸而炊，易子而食者，而余孽
窜伏江湖，尚觊时候。设王师果南，非特此辈得以乘间，即百
姓不支，必揭竿而起矣。"永大悟，始许以调剂，则指江上
公所槛与俱来者，不可不归我。守仁曰："我安用此？"于
是以俘归永。

张永自称"己非负国者"以及提及"安化王事"，说的就
是当年在处理安化王造反事件时，他与杨一清一起覆灭了刘
瑾。所以，张永确实与那些奸佞不能等而视之。不过，也不能
指望他自动自发地大义凛然，看他问出"南征亦何害"，便知。
阳明先生应对者三：

其一，自己廓然大公，了无私心，最后一句"我安用
此"——我要他何用——便知。

其二，"数千里间，无不析骸而炊，易子而食者，而余孽
窜伏江湖，尚觊时候。设王师果南，非特此辈得以乘间，即百
姓不支，必揭竿而起矣……"百姓已经困苦到什么程度了！危
机四伏随时可能再次陷入暴乱（揭竿而起），难道你张永一丝
良知都没有，一毫敬畏恐惧都没有？

其三，阳明先生"直坐其卧榻，永为夺气"，浩然正气，
摄人心魄！然后在"言议忠慨"的同时，"且稍持其阴事，永
益靡……"这里提及的"阴事"，恐怕张永不敢置若罔闻。

后面张永多次发挥正面作用，想必其动力之根由，与此处

不无关系。

　　事情办得谈不上到位，毕竟没有直接把朱宸濠交到朱厚照手里。但是，也只能如此。交接完毕，阳明先生就在西湖养病，也期待能够面见朱厚照，为劝其北还再做争取。但是，朱厚照在路上走走停停，吃喝玩乐，此时才到临清。即便如阳明先生可以岿然不动，但是这毫无意义的漫长等待也是对人巨大的摧残。

　　我们在当时他写的《宿净寺四首》里面摘取几句，感受一下：

> 常苦人间不尽愁，每拼须是入山休。
> 若为此夜山中宿，犹自中宵煎百忧。
> ……
> 百战归来一病身，可看时事更愁人。
> 道人莫问行藏计，已买桃花洞里春。

　　"忧""愁""煎"熬，并非为自己的功名利禄，不过为苍生少罹患难！不能坐等，于是阳明先生一路北上迎接皇帝。但是，朱厚照迟迟不来，阳明先生寓居在杨一清位于镇江的别墅。杨一清此刻致仕家居，二人论及时事，悲愤交加。就在阳明先生苦苦等待的时候，朝廷"调查"他"反状"的官员已经前往南昌与张忠、许泰会合。一片忠肝义胆的阳明先生还在这里等待面见皇帝，另一边针对这位力挽狂澜之功臣的陷害正在发酵！

同时，江彬以朱厚照的名义，勒令阳明先生不得前往南京。阳明先生面君无望，磊落胸襟，苍天可鉴；群丑恣肆，黑白颠倒。在回南昌的途中，他写下了《登小孤书壁》，其中有这样的文字：

上有颠崖势欲堕，下有剑石交巉顽。

……

风雷倏翕见万怪，人谋不得容其间。

……

世情平地犹多艰，回瞻北极双泪潺。

在阳明先生回南昌之前，张、许早已经在南昌折腾得民不聊生。他们以搜寻朱宸濠余党的名义，四处烧杀抢夺，简直比朱宸濠还恶劣许多。张忠、许泰还安排他的一些士兵，到官署门前胡搅蛮缠，甚至指着阳明先生的鼻子骂。写到这里，不禁让我们回想起阳明先生当年在龙场问的那句话：圣人处此，更有何道？

如此荒谬的局面，症结在哪里？如此混乱的局面，百姓遭殃，平息之策在哪里？阳明先生自然不会被这些虾兵蟹将激怒而被张、许抓住口实。同时他要求身边的工作人员，还有城里的百姓，对北方边军要以礼相待。有生病的，给寻医问药；有死的，就买棺材收殓。诸如此类。很快，冬至来临。当地有个习俗，冬至这一天要祭奠自己逝去的亲人朋友。战争刚结束，死了很多人，这次祭奠与往常不同，整座南昌城笼罩在一片挥之不去的哀伤里。北方边军，自然也沉浸在这种氛围里，对亲人、友人的思念之情油然而生。很多人不大想在这个地方继续待下去了。人人皆有是非之心，触景生情恰当处，顽石般的心肠也会动容。整天在这里跟着几个内心阴暗的小人，以无中生有的牵强借口胡作非为，总是难以理直气壮。良心发现处，何以心安？

张忠、许泰似乎也感受到了这微妙的变化，变化里似乎潜藏着对他们不利的危机。一般情况下，当这样的契机萌芽的时候，小人要么是浑然不觉，要么是满腹邪恶。这两个人选择的是后者。

有一天，张、许"邀请"阳明先生来到校场，说：王大人您这么能打仗，肯定是武艺高强。今天咱们闲来无事，请您一起射箭，一来娱乐一下，二来也让弟兄们见识一下传奇人物王大人的风采！

阳明先生表示自己不擅长这个，委婉拒绝。但是这些人摆明是要让他当众出丑，哪里肯放过这个机会。推是推不掉的，那就不推。张、许开始表演。阳明先生在一边泰然趺坐。这两个人每人射了三箭。也许是他们故意把箭靶放得太远，结果自误：每人只中一箭，而且只是中了靶子的边缘。

真正的主角上场了。阳明先生拿过一支箭，弓如满月，"嗖"的一声，第一箭正中靶心！北方边军先是一愣，继而开始喝彩。其实时间久了，他们发现这位巡抚大人对待士兵很好，所以后来不但不骂他，还逐渐在亲近他。

阳明先生挽弓搭箭，第二箭再中靶心！刹那间，第三箭又中靶心！整个校场沸腾了。边军们呼喊着给阳明先生送上钦佩和赞叹。张、许见状，偷鸡不成蚀把米，只得悻悻作罢。

时间过去这么久，他们没能找到什么有价值的证据来证明阳明先生有什么"反状"，搜捕朱宸濠"余党"也没什么新花样了，中饱私囊也做足了，于是他们带着兵马离开南昌去了南京。他们到达南京的时候，朱厚照也已经到了南京。于是，对阳明先生新一轮的构陷在一群人的阴谋里愈演愈烈。他们对朱厚照讲：王守仁以后肯定会反，他和朱宸濠本来就是一伙的，只是后来发现局势不妙，才反戈一击，顺手把朱宸濠给抓起来，作伪以自证清白。为了更有"说服力"，他们列出了一个"有力的证据"，那就是阳明先生的弟子冀元亨，曾经在朱宸濠府里待了很长时间。

朱宸濠要造反，所以就搜罗天下各色名士，为己所用。唐伯虎也被他拉拢过。唐伯虎在宁王府上待久了，发现苗头不对，就想办法脱身。入伙不难，下船谈何容易？于是他就装疯卖傻，据说甚至裸奔。朱宸濠一看这人确实疯了，就把他给放了。因为钦佩阳明先生的本事，朱宸濠也曾经多次努力要拉他入伙。

但是阳明先生慧眼如炬，明确表示拒绝。不过，出于"盛情难却"，他就派了弟子冀元亨，到朱宸濠的府上去给他"答疑解惑"。朱宸濠的说辞就是想要向阳明先生请教学问，阳明先生将计就计回复说：我这个弟子，跟我差不多，也是很懂的，让他去为您服务好了。同时，阳明先生也要看一下，朱宸濠到底准备干什么；任何风吹草动，有冀元亨在，也好及时掌握。冀元亨回来对老师说"朱宸濠必反"，然后就被阳明先生安排归乡遁避。

　　这件事情让张、许等人当作把柄给抓住了，添油加醋，任意编造，就把冀元亨下狱了，然后就是对其严刑拷打，据说连炮烙之刑都残忍地用上了。他们妄图让冀元亨就范，把阳明先生给"咬"出来。可是，冀元亨虽然只是一介书生，但是骨头跟钢铁一样，从始至终，没有说一句对阳明先生不利的话。遗憾的是，一直到朱厚照死掉，嘉靖皇帝登基后，他才被释放出来。因为被折磨得太惨，冀元亨从牢里出来五天后就去世了。不光冀元亨，连伍文定这样的头号功臣，都被抓起来下狱。很多人蒙受冤屈，甚至有一些人直接就被无端处死了。那么多出生入死、立下汗马功劳的将士，非但没有得到朝廷应有的奖赏，反而遭受了极大的冤屈和迫害。

　　此时，朱厚照派人命令阳明先生到南京面君，实则试探他来不来，如果不来，那么"反状"立现，谋逆之心便"昭然若揭"，直接拿下便是！

　　阳明先生自然是会来的，本来他也一直想着要来。但是，到了芜湖，江彬、张忠派人假借君命极力阻挠阳明先生前往南京。如果强行冒进，就是违背君命；如果不去南京，则正中他们下怀，说阳明先生"不敢前来"就是因为有谋逆之心！很明显，这些人横竖都是不想让他好。于是，阳明先生再一次走进了九华山。内心愤懑自不必说，但是一代心学宗师，自然不会让自己拘滞于其中，他静坐、观山，也不忘讲学；放达人生，于这样的时刻，心无杂念，俟命而已！

　　朱厚照想看看这个王守仁到底在干什么，到底有没有造反的迹象。他派人过去了解情况，确实不像有什么问题。朱厚照再次下令，让阳明先生来南京面见他。阳明先生此行是押解着剩余囚犯前来的，当他到了南京上新河，将囚犯交给接办人员后，居然接到通知：不必面君，押解任务完成，直接回南昌便是！

　　如此反复几次，阳明先生悲愤否？必然悲愤。有忧愁否？自然有忧愁。但是所谓"喜怒哀惧爱恶欲"如果皆循天理而行，自然此心不动。任由际遇如何翻云覆雨，如何变幻莫测，应对办法不过都是一个"必有事焉"而已！在《传习录》里有这样的文字，正能体现阳明先生此时内心的真境界："君子之酬酢万变，当行则行，当止则止，当生则生，当死则死；斟酌调停，无非是致其良知，以求自慊而已。故君子素其位而行……"

自慊，便是稳当快乐。素其位而行，便是对于客观局面，坦然面对。

阳明先生平静地再回南昌，从容处理日常事务。六月初，他启程赴赣州。六月十八日，阳明先生到了吉安。又是六月十八日，同样的时间，故地重游，故人相聚，感慨万千！他对大家说："这一段劳苦，更胜起义师时！"有人觉得平定宸濠之乱难度极大、风险极高，相比之下，所谓的"张许之变"并没有那么麻烦。如果深入地看，就不会有这样的想法。张许之变迁延颇久，因为有朱厚照的掣肘，诸多事务无法操持，只能扼腕忍耐。况且其间之凶险，随时面临杀身之祸。所以阳明先生说"更胜起义师时"，意味深长。

赣州是阳明先生的根据地，是他的主场。他在这里大张旗鼓地阅兵、教练战法。众奸佞心生疑惧，于是江彬派耳目到赣州窥测动静。来人看完之后，估计感受到了"战神"的气场。剿匪、平宁王之乱，世人有目共睹，阳明先生已经成为传奇。这阅兵，这操练战法，这不怒而威，这含而不露但极具震慑的杀气……

张忠、许泰和江彬难免胆寒。真要逼急了，回头望一望，提起动武，阳明先生何曾败过！阳明先生怕过谁？于是，这几人提出了一个非常无耻的要求：他们怂恿朱厚照下一个命令，让阳明先生重新上一遍《江西捷音疏》，拿到想要的，赶紧离开。

　　《江西捷音疏》以及《擒获宸濠捷音疏》，是阳明先生平定朱宸濠过程中给朝廷写的报告，早就把所有的情况讲得清清楚楚。此刻，这些人无耻地拿出了一个底稿，让阳明先生按照他们的意思重新写一遍。大概什么"意思"呢？就是说皇帝带着他们这几个人，什么江彬、张忠、许泰，然后再加上你王守仁及其他人员的配合，我们一起抓住了朱宸濠，如何如何。

　　阳明先生其实根本就不把这些所谓的功劳放在心上，不过视其为浮云。所以无所谓，写就写吧。阳明先生按照其"意思"提笔写了这封《重上江西捷音疏》。只要能让你们赶紧离开，停止在这里荼毒百姓，写得再"无耻"一些又何妨！

　　把这封奏疏拿到手之后，这些人包括朱厚照，都可谓志得意满。朱厚照带着一群恶人浩浩荡荡踏上了回京的路。在经过江苏淮安清江浦的时候，他看见渔民打鱼，一时兴起，就试了一下。结果船翻落水，朱厚照呛了很多水；回去之后，在次年三月就一命呜呼了。朱厚照死后，朱厚熜登基。在这段时间前后，江彬、许泰、张忠等人，一个一个都被处理掉了。

　　阳明先生一生有很多辉煌，也有很多挫折。辉煌时低调淡然，挫折时静逸坦然，他始终都能保持在一个不动心的状态。在本节最后，我们把他在赣州写的《啾啾吟》录在这里，与大家共勉：

　　知者不惑仁不忧，君胡戚戚眉双愁？

信步行来皆坦道，凭天判下非人谋。

用之则行舍即休，此身浩荡浮虚舟。

丈夫落落掀天地，岂顾束缚如穷囚！

千金之珠弹鸟雀，掘土何烦用镯镂？

君不见，

东家老翁防虎患，虎夜入室衔其头？

西家儿童不识虎，执竿驱虎如驱牛。

痴人惩噎遂废食，愚者畏溺先自投。

人生达命自洒落，忧谗避毁徒啾啾！

登堂入室致良知

阳明先生在写给学生黄勉之的信中（《与黄勉之》），有这样的文字：

> 古本之释，不得已也。然不敢多为辞说，正恐葛藤缠绕，则枝干反为蒙翳耳。短序亦尝三易稿，石刻其最后者，今各往一本，亦足以知初年之见，未可据以为定也。

"古本之释"指的是阳明先生所作的《大学古本傍释》。"短序"指的是《大学古本序》。"三易稿"指的就是三次更改其文。改的是什么，为什么要改？

我们看一下《大学古本序》第一稿和最后一稿的不同之处到底是什么：

　　《大学》之要，诚意而已矣。诚意之功，格物而已矣。诚意之极，止至善而已矣。止至善之则，致知而已矣（原序无此句）。正心，复其体也；修身，著其用也。以言乎己，谓之明德；以言乎人，谓之亲民；以言乎天地之间，则备矣。是故至善也者，心之本体也。动而后有不善，而本体之知，未尝不知也（原序无此句）。意者，其动也；物者，其事也。致其本体之知，而动无不善，然非即其事而格之，则亦无以致其知。故致知者，诚意之本也；格物者，致知之实也。物格则知致意诚，而有以复其本体，是之谓止至善（原序为：格物以诚意，复其不善之动而已矣。不善复而体正，体正而无不善之动矣，是之谓止至善）。圣人惧人之求之于外也，而反复其辞。旧本析而圣人之意亡矣。是故不务于诚意（原序为"本于诚意"）而徒以格物者，谓之支；不事于格物，而徒以诚意者，谓之虚；不本于致知，而徒以格物诚意者，谓之妄（原序无此句）。支与虚与妄（原序无"与妄"），其于至善也远矣。合之以敬而益缀，补之以传而益离。吾惧学之日远于至善也，去分章而复旧本，傍为之释，以引其义。庶几复见圣人之心，而求之者有其要。噫！乃若致知则存乎心悟，致知焉尽矣（原序为"罪我者其亦以是矣夫"）。

　　仔细阅读，你会发现，阳明先生的教法已经从"立诚"悄然转向为"致良知"。这在心学的发展历程里，是一个无比重要的转变。

在经过宁王之乱和张许之变后，阳明先生给他非常喜爱的门生邹谦之写了一封信。在这封信里面有这样的话："近来信得致良知三字，真圣门正法眼藏。""正法眼藏"就是最高法门。成圣之门的"正法眼藏"，其几微之深，其分量之重，可想而知。

阳明先生原来一直在这圣门外边徘徊求索，历经二十五载，到了龙场悟道，正式入了这个门。他悟到了圣人之道，吾性自足。我心就是天理，天理即是我心。之后，阳明先生接受席书的邀请，去了贵阳，主讲文明书院，开始讲授知行合一。可是，学生们不得其门而入，于是自庐陵之后，阳明先生便用静坐的教法接引学生们向内，"鞭辟近里""窥见光景"。同时，他担心学生们误以为这是禅坐，于是着重提醒"省察克治"，直到南京和江右的大部分时间，以"立诚"为教法，带领学生入道。

这些部分我已经详细讲过，相信大家已经了然。江右后期，经过了破山中贼、破宁王之乱、破张许之变，阳明先生对心学的教法，有了巨大的飞跃。

我在这里必须澄清一点：龙场悟道，心学的宗旨已经明了，自此而后，未曾有变。后来的知行合一，到静坐，到立诚，再到致良知，是"教法"之变，而非心学宗旨之变。这一点我们一定不要出偏差。为了便于理解，我们打个比方：

据说，山上有一棵树，树上结着一种智慧果。如果可以找到它，吃掉它，就能获得智慧。于是有人翻山越岭，历尽艰辛和坚持，终于找到了这棵树，也爬上了树，摘到了果子，吃到了果子。然后，找到果子的人要把这件事告诉大家，要让大家也能爬上这棵树，吃到这果子。于是，他教给大家爬树的方法。他的方法很直接，用这方法挺容易就上得了树。可是很可惜，他讲解这方法的时候，很多人不能理解，不能领会，甚至因为双眼经年遮蔽，连树都看不见。于是，他又想尽办法琢磨其他的上树方法。直到有一天，他终于琢磨出最简洁的方法，他认为这是终极法门，于是兴奋地告诉他的学生，称其为"正法眼藏"！这方法还有另一个名字，叫做：致良知！

我们再次打开《年谱》，关于正德十六年的记述中，有这样的文字，值得我们反复玩味：

> 自经宸濠、忠、泰之变，益信良知真足以忘患难，出生死；所谓考三王，建天地，质鬼神，俟后圣，无弗同者。
>
> 乃遗书守益曰："近来信得'致良知'三字，真圣门正法眼藏。往年尚疑未尽，今自多事以来，只此良知无不具足。譬之操舟得舵，平澜浅濑，无不如意。虽遇颠风逆浪，舵柄在手，可免没溺之患矣。"

这一段文字在心学的体系内有极其重要的位置。大概意思就是在经历过朱宸濠的叛乱和张忠、许泰的迫害之后，阳明先生越发坚信，本自具足的良知能够滴水不漏、严丝合缝地指引自己化险为夷、稳稳当当！

接着往下看这段《年谱》里的其他文字：

> 一日，先生喟然发叹。
>
> 九川问曰："先生何叹也？"
>
> 曰："此理简易明白若此，乃一经沉埋数百年。"
>
> 九川曰："亦为宋儒从知解上入，认识神为性体，故闻见日益，障道日深耳。今先生拈出良知二字，此古今人人真面目，更复奚疑？"
>
> 先生曰："然。譬之人有冒别姓坟墓为祖墓者，何以为辨？只得开圹，将子孙滴血，真伪无可逃矣。我此良知二字，实千古圣圣相传一点滴骨血也。"
>
> 又曰："某于此良知之说，从百死千难中得来，不得已与人一口说尽。只恐学者得之容易，把作一种光景玩弄，不实落用功，负此知耳。"
>
> 先生自南都以来，凡示学者，皆令"存天理，去人欲"以为本。有问所谓，则令自求之，未尝指天理为何如也。
>
> 间语友人曰："近欲发挥此，只觉有一言发不出；津津然如含诸口，莫能相度。"
>
> 久乃曰："近觉得此学更无有他，只是这些子，了此更无余矣。"

旁有健羡不已者。

则又曰："连这些子亦无放处。"

我们再看王龙溪的《读先师再报海日翁吉安起兵书序》
（《龙溪文集》卷十三），里面有这样的文字：

师既献俘，闭门待命。一日，召诸生入讲，曰："我自
用兵以来，致知格物之功愈觉精透。"众谓兵革浩穰，日给
不暇，或以为迂。师曰："致知在于格物，正是对境应感，
实用力处。平时执持怠缓，无甚查考；及其军旅酬酢，呼吸
存亡，宗社安危所系，全体精神，只从一念入微处，自照
自察，一些著不得防检，一毫容不得放纵。勿欺勿忘，触
机神应，乃是良知妙用；以顺万物之自然，而我无与焉。夫
人心本神，本自变动周流，本能开物成务，所以蔽累之者，
只是利害毁誉两端。世人利害，不过一家得丧尔已；毁誉，
不过一身荣辱尔已。今之利害毁誉两端，乃是灭三族，助
逆谋反，系天下安危。只如人疑我与宁王同谋，机少不密，
若有一毫激作之心，此身已成齑粉，何待今日！动少不慎，
若有一毫假借之心，万事已成瓦裂，何有今日！此等苦心，
只好自知。譬之真金之遇烈焰，愈锻炼，愈发光辉。此处
致得，方是真知；此处格得，方是真物。非见解意识所能及
也。自经此大利害、大毁誉过来，一切得丧荣辱，真如飘

风之过耳，奚足以动吾一念？今日虽成此事功，亦不过一
时良知之应迹。过眼便为浮云，已忘之矣！"

这段文字同样意义非凡，它集中地表述了两个要点：其一，
经历过不容丝毫怠慢的严峻岁月，阳明先生确凿无疑地验证了
良知的"具足"和"如意"；其二，令这一微妙法门正常运转的
办法就是去除"利害毁誉"的拘滞和挂碍。这必然是在事情上
磨练过才能获得的真切感受。

到了这里，我们需要搞清楚什么是"良知"，什么是"致
良知"。

良知这个词，见于《孟子·尽心上》："人之所不学而能者，
其良能也：所不虑而知者，其良知也。"良知与生俱来，非后天
之学。但是，阳明心学的"良知"显然具备这层意思，又突破
了这层意思，有更深的意蕴。我们摘取几段文字，以便让大家
对"良知"的含义有个大致的了解：

天理在人心，亘古亘今，无有终始。天理即是良知。

（《传习录》下卷）

良知即天。

（《传习录》下卷）

良知者，心之本体，即前所谓恒照者也。

　　　　　　　　　　（《传习录》中卷《答陆原静书》）

良知即是道。

　　　　　　　　　　（《传习录》中卷《答陆原静书》）

道即是良知。

　　　　　　　　　　　　　　　（《传习录》下卷）

心者，身之主也，而心之虚灵明觉，即所谓本然之良知也。

　　　　　　　　　　（《传习录》中卷《答顾东桥书》）

道心者，良知之谓也。

　　　　　　　　　　（《传习录》中卷《答顾东桥书》）

良知是天理之昭明灵觉处。

　　　　　　　　　　（《传习录》中卷《答欧阳崇一书》）

心之良知是谓圣。

　　　　　　　　　　　　　　　（《书魏师孟卷》）

> 良知之虚便是天之太虚，良知之无便是太虚之无形。

（《传习录》下卷）

> 良知即是"易"，其为道也屡迁，变动不居，周流六虚，上下无常，刚柔相易，不可为典要，惟变所适。此知如何捉摸得？见得透时便是圣人。

（《传习录》下卷）

那"致良知"又是什么意思呢？

我们打开阳明先生的名篇《大学问》，找到这样的文字：

> 《易》言"知至至之"，知至者，知也；至之者，致也。致知云者，非若后儒所谓充扩其知识之谓也，致吾心之良知焉耳。

又有：

> 吾良知之所知者，无有亏缺障蔽，而得以极其至矣。

再看《书朱守谐卷》：

> 如知其为善也，致其知为善之知而必为之，则知至矣；

如知其为不善也，致其知为不善之知而必不为之，则知至矣。知犹水也，人心之无不知，犹水之无不就下也；决而行之，无有不就下者。决而行之者，致知之谓也。此吾所谓知行合一者也。吾子疑吾言乎？夫道一而已矣。

再看《传习录》下卷：

庚辰往虔州再见先生，问："近来功夫虽若稍知头脑，然难寻个稳当快乐处。"先生曰："尔却去心上寻个天理，此正所谓'理障'。此间有个诀窍。"

曰："请问如何？"

曰："只是致知。"

曰："如何致？"

曰："尔那一点良知，是尔自家底准则。尔意念着处，他是便知是，非便知非，更瞒他一些不得。尔只不要欺他，实实落落依着他做去，善便存，恶便去，他这里何等稳当快乐；此便是'格物'的真诀，'致知'的实功。"

以及：

然知得善，却不依这个良知便做去，知得不善，却不依这个良知便不去做，则这个良知便遮蔽了，是不能致知也。吾心良知既不能扩充到底，则善虽知好，不能着实好了；恶虽知恶，不能着实恶了，如何得意诚？故致知者，意诚之本也。然亦不是悬空的致知，致知在实事上格。如意在于为善，便就这件事上去为；意在于去恶，便就这件事上去不为；去恶固是格不正以归于正，为善则不善正了，亦是格不正以归于正也。如此，则吾心良知无私欲蔽了，得以致其极，而意之所发，好善去恶，无有不诚矣。诚意功夫实下手处在格物也。若如此格物，人人便做得；"人皆可以为尧舜"，正在此也。

仔细研读这些在多个场合中出现的，从不同角度描述的文字，我们能够看到，"致良知"有两层含义：

其一，极致其良知。也就是令良知归复本然。这个"极致"和我们之前讲的"尽心"之"尽"是同样的含义：遮蔽除尽，令其全体莹澈。

我们再引录《传习录》下卷的一条，来帮助我们理解：

黄以方问："先生格致之说，随时格物以致其知，则知是一节之知，非全体之知也，何以到得'溥博如天，渊泉如渊'地位？"

先生曰："人心是天渊。心之本体，无所不赅，原是一个天，只为私欲障碍，则天之本体失了。心之理无穷尽，原是一个渊，只为私欲窒塞，则渊之本体失了。如今念念致良知，将此障碍窒塞一齐去尽，则本体已复，便是天渊了……"

第二层意思：依照遵行。"实实落落依着他做去"便是。

在心学的典籍里，"良知"和"致良知"的文字描述随处可见。但是，准确地体会其意思，并不容易。阳明先生在《与马子莘》里有这样的文字：

> 明道云："吾学虽有所受，然"天理"二字却是自家体认出来。"良知即是天理。体认者，实有诸己之谓耳。非若世之想象讲说者之为也。

这个"体认"，"实有诸己"，也就是有真切感受，才是关键。所以，在《年谱》里记载着阳明先生这样的告诫：

> 某于此良知之说，从百死千难中得来，不得已与人一口说尽。只恐学者得之容易，把作一种光景玩弄，不实落用功，负此知耳。

正因为此，我们可以更加深刻地理解，为什么揭示致良知是在"自多事以来"，也会对"……譬之操舟得舵，平澜浅濑，无不如意……"有更深刻的注意。对于王龙溪那些触目惊心的文字，例如"灭三族""此身已成齑粉""万事已成瓦裂"，以及"真金之遇烈焰，愈锻炼，愈发光辉"，我们才会有更深的感悟。

恰如《书朱守谐卷》中所言："决而行之者，致知之谓也。此吾所谓知行合一者也。"若要完成这个"致良知"，就必须在"行"上见，也必然要做到"知行合一"。

到这里一定还会有朋友问："那如何致良知呢？"其实上面的文字里已有答案。就在陈九川录的"庚辰往虔州再见先生……"那段，里面明确写着"真诀""实功"，不知是否被忽视。

《传习录》里有这样一条：

> 先生曰："诸公在此，务要立个必为圣人之心，时时刻刻须是一棒一条痕，一掴一掌血，方能听吾说话，句句得力。若茫茫荡荡度日，譬如一块死肉，打也不知得痛痒，恐终不济事；回家只寻得旧时伎俩而已，岂不惜哉？"

成圣之志的挺立，成圣之法的践行，"时时刻刻须是一棒一条痕，一掴一掌血"地在"行"上见。否则，"真诀"在"一块死肉"眼里，不过也是一块死肉罢了，"终不济事"。

再回头看良知，已经被直接定义为：天、天理、道、道心、照心、易、圣……《传习录》下卷还有：

> 先生曰："良知是造化的精灵。这些精灵，生天生地，成鬼成帝，皆从此出，真是与物无对。"

"良知"到底是什么呢？到此，我们尝试着给它下一个定义：对于人而言，良知就是人在天地之间行事的终极法则。

人是天造地设的"灵秀"之物，人生是由一件件"事"累积而成的。人在天地间行走、行事，必然有其"条理"（天理）和法则，顺之者兴，逆之者亡。这个条理和法则也是由天造地设，所以称其为"天理"。它滴水不漏，"无不具足"地指挥着人之行事；按照其法则行事，便可以"无不如意"。至于良知是什么样子，它无形无相，所以是"惟微"之道心；它变动不居，所以是"易"；它至极无对，所以是"天"；凡此种种，无可附加，所以阳明先生又称其为"圣"。

阳明先生终其一生的追求，便是成圣。在龙场悟道之后他其实已然成圣。在那之后，他不断打磨成圣之方，意在引人入圣。

本书第二章的主题是"正位凝命：发机之节"。"正位凝命"是《易经》鼎卦的象辞。正位者何？正其心也。凝命者何？天命之性"凝聚融结"，不纷然外放，而能发挥其本有之完备功用！于是正其体，行其用。这体即是天、天理、道、道心、照心、易、圣等，这用即是良知之发用流行，"无不具足""无不如意"！

那"发机之节"如何理解？《孙子兵法》有"节如发机"，发机是关键，是着力处，一触即发；其"节"之精确，不可有丝毫偏差。

所以，成圣之法门、成行之法门、成事之法门，从知行合一到静坐，再到立诚，阳明先生一直在寻找的功夫着力点、下手精微处，到"致良知"终于集约于此关键之"发机"，亦即"良知"；扣动发机之"节"只在"致良知"。发机中节，其功必然正位凝命，归复本体。关键、直接、简易；触发处，知行合一！阳明心学即是"圣学"，圣者，通也。心通、行通、事通。心者，知也。事者，行也。心事合一，知行合一，是心学的根本属性，也是心学的特色。我们从心事合一、知行合一的角度继续讲。

心是良知，如明镜然，本自不动。有事来感，感而遂通。在任何一个"触发点"——例如看到的、听到的、闻到的、想到的，等等——触发的时候，心生成"知、情、意"以"应"之。在本然的状态下，这个"知"了然是非方向；这个"情"发而中节，致中和；这个"意"指挥"行"恰如其分，一切稳稳当当，用阳明先生的话说就是"稳当快乐"。这是一个完美的闭环。

一个无比重要的事实是：当我们经过深入地"体悟"便会发现，只有事做到了知、情、意恰如其分，加之"行"也恰如其分的时候，才能获得"无不如意"和"稳当快乐"。如果不在事上完成这个闭环，要么是枯坐，通过屏蔽"触发点"以实现虚无的"平衡"，只能在"静"的状态里体会"愉悦"，一"动"就散；要么是事事无法"中和"而内心动荡，"此心不动"的感受无从展现，"稳当快乐"更是无从谈起。

回望阳明先生生平，江右时期是他人生当中大事最为集中的阶段，哪一件事能够怠慢？我们再看王龙溪所讲的《读先师再报海日翁吉安起兵书序》里的文字：从"平时执持怠缓"到"呼吸存亡"的"一毫容不得放纵"，进而"触机神应"，"良知妙用"，真切感受到了"人心本神，本自变动周流，本能开物成务"！

时势所趋，不由得不行，同时事事严丝合缝按照良知遵行，也一一印证了致良知的妙处：无不具足，无不如意！

所以，真知来自于真行，知行本自合一："譬之真金之遇烈焰，愈锻炼，愈发光辉，此处致得，方是真知；此处格得，方是真物"。

故而，"致知在于格物，正是对境应感，实用力处。"

从中我们不难理解：从侧重于"意"的"立诚"到"意行完备"的"致良知"，是心学教法、练法顺理成章的升级。其效果如何？我们再一次引用《传习录》里阳明先生的话：

良知是造化的精灵。这些精灵，生天生地，成鬼成帝，

皆从此出，真是与物无对。人若复得他完完全全，无少亏欠，
自不觉手舞足蹈，不知天地间更有何乐可代。

"皆从此出"四个字，包含了我们行走在天地之间所需要
的一切应对法则，已然"无不具足"。那若实现它，感受如何？
答案是：手舞足蹈，不知天地间更有何乐可代！

在这一章的收尾处，我们打开《答聂文蔚书二》，玩味一下：

> 良知只是一个，随他发见流行处，当下具足，更无去来，
> 不须假借。然其发见流行处，却自有轻重厚薄，毫发不容
> 增减者，所谓"天然自有之中"也。虽则轻重厚薄，毫发
> 不容增减，而原又只是一个；虽则只是一个，而其间轻重厚
> 薄，又毫发不容增减。若可得增减，若须假借，即已非其
> 真诚恻怛之本体矣；此良知之妙用，所以无方体，无穷尽，
> 语大天下莫能载，语小天下莫能破者也。

这"无方体，无穷尽"的良知，只要能够做到"妙用"发机，
轻重厚薄，自当切切"中节"，稳稳当当！

江右这段军旅岁月，阳明先生剿匪、平叛，与奸佞斗法。
当龙溪问阳明先生用兵如神的秘诀时，先生回答：

> 我无秘术。但平生所自信者良知。凡应机对敌，只此

一点灵明神感神应，一毫不为生死利害所动。所以发机慎密，敌不知其所从来。在我原是本分行持，世人误以为神耳。

真的"无秘术"吗？这无"秘"之密，便是"发机慎密"，发而中节。

第三章
万物一体：生机之源

仁者之大，万物一体

　　良知到底是什么？我们好像明白了，但似乎又没完全明白。我们尝试问一个非常有深义的问题：既然良知生来本具、本自具足，那么，良知来自哪里？

　　如果说，阳明先生龙场悟道悟得了"心即理"，"本自具足"；"致良知"话头的揭示把归复本心的功夫和方法一语道尽；那么，阳明先生晚年，将一个看上去并非新问题的"新问题"推向了极致：天理，或者叫良知，从哪里来？我们和良知到底是一种怎样的存在关系？

　　在《王阳明全集》之《年谱附录》关于嘉靖二十九年正月的记述里，有《天成篇·揭嘉义堂示诸生》，我们节选部分如下：

吾心为天地万物之灵者，非吾能灵之也……明非吾之目也，天视之也；聪非吾之耳也，天听之也；嗜非吾之口也，天尝之也；变化非吾之心知也，天神明之也。故目以天视，则尽乎明矣；耳以天听，则竭乎聪矣；口以天尝，则不爽乎嗜矣；思虑以天动，则通乎神明矣。天作之，天成之，不参以人，是之谓天能，是之谓天地万物之灵。

再看《传习录》里的条目：

目无体，以万物之色为体；耳无体，以万物之声为体；鼻无体，以万物之臭为体；口无体，以万物之味为体；心无体，以天地万物感应之是非为体。

问："人心与物同体，如吾身原是血气流通的，所以谓之同体：若于人便异体了，禽、兽、草、木益远矣。而何谓之同体？"

先生曰："你只在感应之几上看；岂但禽、兽、草、木，虽天、地也与我同体的……"

先生曰："你看这个天地中间，甚么是天地的心？"对曰："尝闻人是天地的心。"曰："人又甚么叫做心？"对曰："只是一个灵明。可知充天塞地中间，只有这个灵明……"

先生曰："良知是造化的精灵，这些精灵，生天生地……皆从此出，真是与物无对。人若复得他完完全全，无少亏欠，自不觉手舞足蹈，不知天地间更有何乐可代。"

从这些文字里面，我们能够提炼出什么机密？

其一，"可知充天塞地中间……有这个灵明"。其二，我们的一切觉知，均秉承于此。其三，"造化的精灵，这些精灵，生天生地……皆从此出。"

怎么理解这几层意思？从"体"的这一面，天地之间，每一处都含蕴着这个"灵明"，或者称作"虚灵明觉"，"虚灵不昧"，也就是一种觉知的能力和属性。这绝不是一种玄虚。我们应该从哪种视角来尝试着理解呢？例如，我们知道，人类是有情感、意识和思想的，能够感受，可以思考。那么情感、意识和思想是怎么产生和运行的？自然科学目前还做不到像解释碳和氧如何生成二氧化碳或者一氧化碳那样，一五一十地搞清楚其来龙去脉。但是，有一点我们可以推定：情感、意识和思想必然是由物质以某种非常精妙的形态组合而生成，绝不可能凭空而来。

再向深处推进：天地之间必然具备两样东西，一个是物质的素材；另一个是物质素材精妙的"组合方式"，或者称其为"法则"。这两样东西可以生成觉知、情感、意识以及思想等奇妙的存在。

这是天地之间的存在，是"冲漠无朕"，是"惟微"的道心，我们看不见，摸不着，然而它却无处不在。所以阳明先生说："充天塞地中间……有这个灵明。"

那么，这个觉知，这个"灵明"在哪里彰显出来呢？在人心。也就是《传习录》里所说的"其发窍之最精处，是人心一点灵明"。

中国传统文化，非常讲究"天人合一"，宋代理学和阳明心学都提及仁者与万物一体。前人对"天人合一"和"万物一体"有多个角度的阐述，我们在这本书里面只从一个角度来讲，就是阳明心学提及的"感应之几"。

《传习录·答欧阳崇一书》中有这样一句话："良知是天理之昭明灵觉处"。这个"昭明灵觉"，与"虚灵不昧"，"虚明灵觉"所指的都是一个，称其为明德，称其为良知，称其为天理，都是在说同一个东西。它还可以有另外一个名字：天地之心！

我们再去找来一些极具分量的文字：

人者，天地之心。

（《礼记·礼运》）

为天地立心。

（张载《西铭》）

仁，人心也。

（《孟子·告子上》）

万物皆备于我。

（《孟子·尽心上》）

仁者浑然与物同体。

（程子《识仁篇》）

夫人者，天地之心，天地万物本吾一体者也。

（王阳明《传习录》）

　　人是天地之心，这种说法我们并不陌生。我们的传统文化中，有这样的提法，高深而神圣。人自有心，再往深处推进，更准确的表达应该是：人心者，天地之心！那么问题来了，这世界上几十亿人，几十亿颗心，到底谁的心才是天地之心，难道天地有几十亿颗心不成？当然不可能，否则，岂不乱套？那怎么解释？我们可以这样理解："充天塞地中间……有这个灵明"，这是天地的一种存在属性，一种觉知的能力，它无处不在。而我们人呢，在我们的心上完成了这个"微妙的组合"，使得这个灵明得以彰显。所以，我们的心就是这个"灵明"。这个灵明即是天地之心，所以我们人的心就是天地之心，本是一体。如果说充天塞地的这个灵明就像是国家电网，那我们每一个人的心就像是入户的插座。

所有人的心，本是一颗心。所以有心心相印，有心心相通，有恻隐之心，有共同的价值判断——公理。公理还有其他的名字，例如天理、天道、天则，等等。

《大学问》里面有一段这样的话：

> 大人者，以天地万物为一体者也。其视天下犹一家，中国犹一人焉。若夫间形骸而分尔我者，小人矣。大人之能以天地万物为一体也，非意之也，其心之仁本若是，其与天地万物而为一也。岂惟大人，虽小人之心亦莫不然，彼顾自小之耳。是故见孺子之入井，而必有怵惕恻隐之心焉，是其仁之与孺子而为一体也。孺子犹同类者也，见鸟兽之哀鸣觳觫，而必有不忍之心焉，是其仁之与鸟兽而为一体也。鸟兽犹有知觉者也，见草木之摧折而必有悯恤之心焉，是其仁之与草木而为一体也。草木犹有生意者也，见瓦石之毁坏而必有顾惜之心焉，是其仁之与瓦石而为一体也。是其一体之仁也，虽小人之心亦必有之。是乃根于天命之性，而自然灵昭不昧者也，是故谓之"明德"。小人之心既已分隔隘陋矣，而其一体之仁犹能不昧若此者，是其未动于欲，而未蔽于私之时也。及其动于欲，蔽于私，而利害相攻，忿怒相激，则将戕物圮类，无所不为，其甚

至有骨肉相残者，而一体之仁亡矣。是故苟无私欲之蔽，则虽小人之心，而其一体之仁犹大人也；一有私欲之蔽，则虽大人之心，而其分隔隘陋，犹小人矣。故夫为大人之学者，亦惟去其私欲之蔽，以自明其明德，复其天地万物一体之本然而已耳；非能于本体之外而有所增益之也。

这里面所说的"本若是"的"其心之仁"，就是那充天塞地的"仁性"，它就在我们的心上"发窍"、彰显，它就是天地之心！

讲到这里，是不是觉得我们传统文化的"天人合一""万物一体"无比深刻，何其精妙！我们坚信，我们的文化复兴是必然，伟大的东西不会总被埋没。这还不是全部，还有更深的奥义。天地万物本是一体，它不是死寂的一个物件，它是充满造化力量，不断地运动着。而这"造化生生不息之理"就是这个"充天塞地的一点灵明"，也就是这个"天地之心"，它是天地运行的终极内驱力。

讲到这里，我们务必要用一个唯物的基调来理解，我们可以给这个东西取很多名字：天地之心、良知、天理、天道、天则、灵明、虚灵明觉，但这些称呼都是为了便于我们领会其真义的文字而已。我们要透过文字，明白天地宇宙之间存在着生生不息的造化之力。虽然看不到摸不着，但是它时刻不停止地在发挥着推动的作用，于是才有这鸢飞鱼跃、活泼泼的五彩纷呈的世界，朝气蓬勃，生生不息！

　　这个天地之心，就是"生机之源"！天地万物本自一体，它就是这一体的心，这一体的根！这"心"发挥着虚灵不昧的觉知功能，这"根"充沛地展现着勃勃生机和源源不断的生命力！

　　这个"觉知"和这个"根"又本是一个。《中庸》所谓"天地位，万物育"，当天地之间万事万物各得其所、各当其位，那么这本有的生机就会不受阻碍地自然而然地"生生不息"。什么情况下"当位"，什么情况下不"当位"，都由这个"天理""天道""天则""良知"就自然发挥其本有的觉知力，来定义和判断，然后推动事物向"当位"的状态运动，进而展现出本有的生生不息之生机。那么，人在其间扮演什么角色？两句话："参赞天地"，"人能弘道"。

　　相信不需要再过多解释，你已了然。在《传习录》里有这样的文字：

　　　　先生曰："吾教人'致良知'，在'格物'上用功，却是有根本的学问；日长进一日，愈久愈觉精明。世儒教人事事物物上去寻讨，却是无根本的学问；方其壮时，虽暂能外面修饰，不见有过，老则精神衰迈，终须放倒；譬如无根之树，移栽水边，虽暂时鲜好，终久要憔悴。"

先生一日出游禹穴，顾田间禾曰："能几何时，又如此长了！"

范兆期在旁曰："此只是有根。学问能自植根，亦不患无长。"

先生曰："人孰无根，良知即是天植灵根，自生生不息；但着了私累，把此根戕贼蔽塞，不得发生耳。"

先生曰："孟子不动心与告子不动心，所异只在毫厘间。告子只在不动心上着功，孟子便直从此心原不动处分晓。心之本体原是不动的，只为所行有不合义便动了。孟子不论心之动与不动，只是'集义'；所行无不是义，此心自然无可动处。若告子只要此心不动，便是把捉此心，将他生生不息之根反阻挠了。此非徒无益，而又害之。孟子'集义'功夫，自是养得充满，并无馁歉；自是纵横自在，活泼泼地，此便是浩然之气。"

再回头看《大学问》：

一有私欲之蔽，则虽大人之心，而其分隔隘陋，犹小人矣。故夫为大人之学者，亦惟去其私欲之蔽，以自明其明德，复其天地万物一体之本然而已耳……

　　所谓"大人"，《易经》里有这样的表述："与天地合其德，与日月合其明，与四时合其序，与鬼神合其吉凶。"一个人到了这样的境界，自然是与天地万物为一体的。但是与之相反的状态就称其为"小人"，其本质区别就源于"分隔隘陋"。在《传习录》上卷阳明先生讲解"知行合一"的时候有这样的文字："此已被私欲隔断，不是知行的本体了。""知行本体"即是心之本体，即是良知，即是天理，即是那天地之心。我们的心一旦与之"隔断"，一旦"分隔隘陋"，就像是你掐断了入户的电线，国家电网里面的电没多一分，但是你的灯已经不亮了。

此心不动

阳明先生与黄绾过从甚密，常在一起切磋学问，他在给黄绾的一封信（《与黄宗贤》丁亥）中说：

> 彼此但见微有动气处，即须提起致良知话头，互相规切。凡人言语正到快意时，便截然能忍默得；意气正到发扬时，便翕然能收敛得；愤怒嗜欲正腾沸时，便廓然能消化得。此非天下之大勇者不能也。然见得良知亲切时，其功夫又自不难。缘此数病，良知之所本无，只因良知昏昧蔽塞而后有，若良知一提醒时，即如白日一出而魑魅自消矣。

还有《与王纯甫》：

> 变化气质，居常无所见，惟当利害、经变故、遭屈辱，平时愤怒者到此能不愤怒，忧惶失措者到此能不忧惶失措，

始是能有得力处。

还有《答刘内重》：

外面是非毁誉，亦好资之以为警切砥砺之地，却不得以此稍动其心，便将流于心劳日拙而不自知矣。

还有《答友人》：

毁誉荣辱之来，非独不以动其心，且资之以为切磋砥砺之地，故君子无入而不自得，正以其无入而非学也。若夫闻誉而喜，闻毁而戚，则将惶惶于外；惟日之不足矣，其何以为君子！往年驾在留都，左右交谮某于武庙。当时祸且不测，僚属咸危惧，谓群疑若此，宜图所以自解者。某曰："君子不求天下之信己也，自信而已，吾方求以自信之不暇，而暇求人之信己乎？"

重温我们前文讲过的三件事。

阳明先生从南京鸿胪寺卿的任上要去南赣汀漳剿匪，出发前夕，他的好朋友黄舆子对朋友们说："阳明此行，必立事功！"然后有人问他为什么做这样的判断，他说：触之不动！

在《征宸濠反间遗事》中，钱德洪有这样的记述：学生问为什么先生百战百胜，兵法奥义是什么，阳明先生回答：

> 用兵何术，但学问纯笃，养得此心不动，乃术尔。凡
> 人智能相去不甚远，胜负之决，不待卜诸临阵，只在此心
> 动与不动之间。

当年他会试落第时说："人以不登第为耻，我以不登第而动心为耻。"

凡此种种，不需要再过多罗列。阳明心学能够解决的一个问题，或者说能达到的一个境界就是：此心不动。

"此心不动"是一种什么状态？上面我们引用的文字已经展现得非常全面。但凡有大成就的人，哪一个不是做到了这一点的？但凡活得洒脱的人，哪一个不是做到了这一点的？很多人在提及阳明心学很厉害的时候，都喜欢讲到一个日本人，就是东乡平八郎。说他"一生俯首拜阳明"，对阳明心学深刻地崇敬并践行。那你知不知道，这个人从心学里到底汲取到了什么养分？

在陈立胜先生的著作《入圣之机》里面有这样一段记载，截取部分引在这里，我们可以看一下：

> 1906 年出版的警世小说《伤心人语》（振聩书社）收
> 有《王阳明生于日本之笑谈》一文：

日本维新诸豪，如吉田松阴、西乡隆盛、木户孝允等，无不得力于王阳明之学。近世日俄战争对马海岛一役，东乡平八郎以相等之军舰力，四十余时间，歼俄舰全军，使之只轮不返。观其料敌之精密，执事之静逸，从容布置，不为物动，故能奏此黄白相战之第一功。然闻其语人，谓平生得力在阳明知行合一之旨，是以处危难而不惊。自此，日人之视阳明愈益加重……

东乡平八郎在对马海战中的表现是"静逸……从容……不动……处危难而不惊"。"不动心"是什么样的，已然详尽。"不动心"功用之强大，不必多言。关键的是，搞明白其不动的原理，进而学会做到"不动"的方法，才是我们想要的。我们不能乱猜测，还是要到心学的典籍里面去探究答案。

我们看《传习录》里面的文字：

尚谦问孟子之"不动心"与告子异。

先生曰："告子是硬把捉着此心，要他不动；孟子却是集义到自然不动。"

又曰："心之本体，原自不动。心之本体即是性，性即是理。性元不动，理元不动。集义是复其心之本体。"

先生曰："心之本体原是不动的，只为所行有不合义便动了。"

……心之本体即是天理。天理只是一个，更有何可思
虑得？天理原自寂然不动，原自感而遂通。学者用功，虽
千思万虑，只是要复他本来体用而已，不是以私意去安排
思索出来。故明道云："君子之学，莫若廓然而大公，物来
而顺应。"

知此，则知未发之中、寂然不动之体，而有发而中节
之和，感而遂通之妙矣。

仔细读完之后，我们发现了什么？先拿出一句非常关键的
话，放在这里，我们反复玩味："心之本体原是不动的，只为所
行有不合义便动了。"这句话告诉我们什么？其一，我们的心，
本来是不动的。其二，心动了，原因是行"不合义"。

再拿出一句，仔细琢磨："心之本体即是天理……天理原自
寂然不动，原自感而遂通。"

这些文字在向我们透露什么？天理是天造地设、颠扑不破
的，看也看不到，摸也摸不着，是"无朕"的"冲漠"，是太虚、
是虚无，没有任何力量可以破坏它、改变它、扰动它，因此，
它当然是"不动"的。我们的心秉承自天理，是"天命之性"；
再确切地说，心即是理，心就是天理。那么，心当然也不会动！

可是，我们的心明明就是会"动"的啊！甚至总是动荡不安。"当利害、经变故、遭屈辱"的时候，就会有愤怒和忧惶失措，又时常会"闻誉则喜，闻毁则戚……惶惶于外"。

在"用兵何术，但学问纯笃，养得此心不动，乃术尔；凡人智能相去不甚远，胜负之决，不待卜诸临阵，只在此心动与不动之间"之后，阳明先生还有一段话：

> 昔与宁王逆战于湖上，时南风转急，面命某某为火攻之具。是时前军正挫却，某某对立矍视，三四申告，耳如弗闻。此辈皆有大名于时者，平时智术岂有不足，临事忙失若此，智术将安所施？

这些情形，分明说的是我们的心会"动"啊！我们要把这里讲明白，必须再引用《传习录》里的一段话：

> 然至善者，心之本体也。心之本体，哪有不善？如今要正心，本体上何处用得功？必就心之发动处才可着力也。心之发动不能无不善，故须就此处着力，便是在诚意。如一念发在好善上，便实实落落去好善；一念发在恶恶上，便实实落落去恶恶。意之所发，既无不诚，则其本体如何有不正的？故欲正其心，在诚意。

怎么理解这段话呢？其实，我们的心体生来本具、本自具足，称其为"至善"，哪会有不正？就像太阳，即便黑夜，即便乌云漫漫，它本身什么时候不亮了？我们所谓"心动"，其实不是"心"在动，而是念头在动。更准确地说是动了"妄念"，指挥我们行动的不再是我们的本心，而是"失真"的妄念。恰恰是这一"失真"，恰恰是这一"妄"，一切变得不妥当起来。用阳明先生的话讲叫做不"稳当"。

我们再回头看上面引文里的这一句话："心之本体原是不动的，只为所行有不合义便动了。"所以，心即是理，理自然不动；心本来是不动的。但是，因为"不合义"的某种障碍，使得我们的念头产生了偏差，念头不合义了，行动也不合义了，无法实现知行合一，一切不再"稳当"——表现出来的状态，就是我们习惯称之的"心动"了。

找到了"动心"的原因，顺藤摸瓜，我们也就应该能找到解决"动心"这毛病的药，让我们的心重新回到"定"的状态上去。

我们需要问：

这个"不合义"指的到底是什么？如何才能"合义"呢？只要做到了"合义"，自然也就不会出现"动心"的情形，就可以回到"寂然不动"的本原态，进而可以"感而遂通"，对吧？

我们继续回到典籍里去找答案。看这些文字：

孟子不论心之动与不动，只是"集义"；所行无不是义，此心自然无可动处……孟子"集义"功夫，自是养得充满，并无馁歉，自是纵横自在，活泼泼地。此便是浩然之气。

很清楚，只要做孟子的"集义"工夫，养我们的浩然之气，内外通透，就会"纵横自在"，何动之有！那么，"集义"又是什么呢？这里也有答案，阳明先生说："集义是复其心之本体。"

再看《答欧阳崇一书》里面的文字：

孟子言必有事焉，则君子之学终身只是"集义"一事。义者，宜也，心得其宜之谓义。能致良知则心得其宜矣，故"集义"亦只是致良知。君子之酬酢万变，当行则行，当止则止，当生则生，当死则死；斟酌调停，无非是致其良知，以求自慊而已。

到这，问题的来由已然清楚；问题的解药，亦是了然。都在心学的核心"致良知"里，也是不出"万法归宗"之原，何需再多赘述。

物来顺应

我们接着上文，继续看《征宸濠反间遗事》中的记述：

> 又尝闻邹谦之曰："昔先生与宁王交战时，与二三同志坐中军讲学。谍者走报前军失利，坐中皆有怖色。先生出见谍者，退而就坐，复接绪言，神色自若。顷之，谍者走报贼兵大溃，坐中皆有喜色。先生出见谍者，退而就坐，复接绪言，神色亦自若。"
>
> 又尝闻陈惟濬曰："惟濬尝闻之尚谦矣。尚谦言，昔见有侍于先生者，自称可与行师。"
>
> 先生问之。
>
> 对曰："某能不动心。"
>
> 曰："不动心可易言耶？"
>
> 对曰："某得制动之方。"
>
> 先生笑曰："此心当对敌时，且要制动，又谁与发谋出虑耶？"

又问："今人有不知学问者，尽能履险不惧，是亦可与行师否？"

先生曰："人之性气刚者亦能履险不惧，但其心必待强持而后能。即强持便是本体之蔽，便不能宰割庶事。孟施舍之所谓守气者也。若人真肯在良知上用功，时时精明，不蔽于欲，自能临事不动。不动真体，自能应变无言。此曾子之所谓守约，自反而缩，虽千万人吾往者也。"

上面的文字大部分易于理解。"自反而缩"需要大致讲一下。自反，即是自我反省。缩，即是理直气壮。在《孟子·公孙丑上》中的原文是："自反而不缩，虽褐宽博，吾不惴焉？自反而缩，虽千万人，吾往矣。""褐宽博"指的是普通老百姓。如果自我反省审视，心存愧疚，理屈词穷，即使面对非常普通的人，也会感到恐惧不安；相反，如果理直气壮，虽然面对千军万马，依然能够大义凛然、毫无惧色地勇往直前。动心与否，勇敢与否，其内在的根源，在此处可见一斑。

我们再把关于阐述孟子不动心之法的文字拿出来："告子是硬把捉着此心，要他不动。孟子却是'集义'到自然不动。"

这"自然"两个字如此寻常，但却是天机闪光。看上面陈惟濬（陈九川）记录的文字："若人真肯在良知上用功，时时精明，不蔽于欲，自能临事不动。""宰割庶事"时必将"不动真体，自能应变无言"。"临事"可以"不动真体，自能应变无言"，就是我们总说的"寂然不动，感而遂通"。这个心之本体本自不动，"自能"严丝合缝、恰如其分地给出回应，且应变无穷。

我们讲心学，说心学可以给我们什么呢？可以给我们：此心不动、物来顺应、生生不息。

这个"物来顺应"，也就是上面这段文字所讲的全部内容。心本来"不动"，我前面已经把原理和办法拆开了讲解，想必大家应该能够了然。那这个"物来顺应"，或者"寂然不动，感而遂通"的秘密又是什么呢？我们回过头去看第二章"发机之节"，就会发现其实和"此心不动"的答案在"致良知"里一样，这"物来顺应"的钥匙也是"致良知"。只是看不同的面，我们有着不同的视角而已。

"感而遂通"的"感"，"物来顺应"的"应"，合起来即是"感应"。在讲"仁者与万物一体"的时候，阳明先生提及"感应之几"。"感应"本就是心的功能。在任何一个触发点入心的时候——无论是你看到的、听到的，还是想到的——你的心都会有这个"感应"的过程。"感"有判断和感受，"应"有动机且落实到行动上去。这"感而遂通"很微妙，"通"还是"不通"，关键要看心体是否"寂然不动"。如果心上有挂碍、有遮蔽、有阻隔，就无法做到"寂然"，无法做到"不动"，那么"遂通"也就断无可能。

我们再回到《大学问》里去拿一段话出来：

> 故曰物格而后知至，知至而后意诚，意诚而后心正，心正而后身修。盖其功夫条理虽有先后次序之可言，而其体之惟一，实无先后次序之可分；其条理功夫虽无先后次序之可分，其用之惟精，固有纤毫不可得而缺焉者。此格致诚正之说，所以阐尧舜之正传，而为孔氏之心印也。

这段话并不难懂，但是这里面有一句却在犹抱琵琶半遮面地透露着一个秘密，这句话是："固有纤毫不可得而缺焉者。"这句话怎么翻译合适？我们尝试着调换一下文字的顺序，变成：固有纤毫（之）缺而不可得焉者。这里面讲到体用，"体"即是"不动"之心体，"用"即是"感而遂通"。我们再次举出"恰如其分""发而中节""严丝合缝"这类的表达，这些"表达"要表达的是什么？其实就是"知行合一"，就是"心事合一"。当有任何一个触发点入心的时候，我们的心给出的觉知是"恰如其分"的，给出的"感应"也是恰如其分的，是"中节"的，是与这个"觉知""严丝合缝"地匹配的。

这就是"致中和"。

就像是在一个功能完备、没有瑕疵的天平上，左侧放了一千克的物件，右侧加上了一千克的砝码，完美平衡，精确称量。

这就是物来顺应。

重温阳明先生那句话："今自多事以来，只此良知无不具足，譬之操舟得舵，平澜浅濑，无不如意。"当我们惊叹于心之本体的"无不具足"、丝毫不差的时候，我们深刻地思考着"万物一体"和"天地之心"的真义，内心油然升起通透、敬畏和欣喜……

生
生
不
息

《易经》第一卦《乾卦》的大象辞是：天行健，君子以自强不息。不知道这句话的人，应该不多。可是为什么会"自强不息"？大概明白其深义的人也不多。

在《传习录》里面有多处提及"本""根"和"生生不息"，我们再次引用在这里：

　　先生一日出游禹穴，顾田间禾曰："能几何时，又如此长了！"

　　范兆期在旁曰："此只是有根。学问能自植根，亦不患无长。"

　　先生曰："人孰无根？良知即是天植灵根，自生生不息。但着了私累，把此根戕贼蔽塞，不得发生耳。"

这段讲的是植物有根，生长不息；人也有根，源自天授，亦是生生不息！

　　若告子只要此心不动，便是把捉此心，将他生生不息之根反阻挠了；此非徒无益，而又害之。

人心之根生生不息，没有一刻暂停，所以有"鸢飞鱼跃"。如果错误理解和刻意追求心之"不动"，就会犯告子的错，硬生生摁住我们的心，反而阻碍了它的天性。

　　孔子气魄极大，凡帝王事业，无不一一理会，也只从那心上来；譬如大树有多少枝叶，也只是根本上用得培养功夫，故自然能如此……

那些做得世间大事的人，其"大"之源，本自心生。

　　"一"如树之根本，"贯"如树之枝叶。未种根，何枝叶之可得？体用一原，体未立，用安从生……

这里讲的是"一以贯之"和"根"的关系。
我们继续看：

　　问："程子云：'仁者以天地万物为一体。'何墨氏兼爱，反不得谓之仁？"
　　先生曰："此亦甚难言，须是诸君自体认出来始得。仁是造化生生不息之理。虽弥漫周遍，无处不是，然其流行发生，亦只有个渐，所以生生不息。如冬至一阳生，必自一阳生，而后渐渐至于六阳；若无一阳之生，岂有六阳？阴亦然。惟其渐，所以便有个发端处；惟其有个发端处，所以生；惟其生，所以不息。譬之木，其始抽芽，便是木之生意发端处，抽芽然后发干，发干然后生枝生叶，然后是生生不息。若无芽，何以有干有枝叶？能抽芽，必是下面有个根在，有根方生，无根便死。无根何从抽芽？父子兄弟之爱，便是人心生意发端处。如木之抽芽，自此而仁民，而爱物，便是发干生枝生叶。墨氏兼爱无差等，将自家父子兄弟与途人一般看，便自没了发端处。不抽芽，便知得他无根。便不是生生不息，安得谓之仁？孝弟为仁之本，却是仁理从里面发生出来。"

这一条讲了"仁"之发端，恰似一棵大树，即使已经参天，也是从根生起。唯有根，才能生发。只要令根自然而然生长，大树必然枝繁叶茂！

上面采自《传习录》的每一条引文，都极具价值，值得我们反复参看。这"根"，这"本"，这"造化生生不息之理"是什么？就是万物一体的那个"仁性"，那个"天地之心"的"仁心"。这个"仁"可以更形象地比喻成"果仁"，也就是种子。

我们看上文的"发端处"和"抽芽"，无异于种子的初态。

我们来看提出"仁者以天地万物为一体"的程子著名的说法：

> 心譬如谷种，生之性便是仁也。

再看上蔡的：

> 桃杏之核，可种而生者谓之桃仁杏仁，言有生之意。推此，仁可见矣。

再看朱子的：

> 看茄子内一粒是个生性。

阳明先生说：

> 有个发端处，所以生。惟其生，所以不息！

我们的心是一颗种子，种子自然具备生生不息的内驱力。一颗松子虽然小，但是可以长成参天巨树；一颗爬山虎的种子虽然小，但是发芽生藤可以覆盖整个墙面；一颗颗不同的种子，可以蓬勃地长成漫山遍野的丛林。植物的种子尚且如此，作为天地之心的种子，种在我们心里，会长成什么？一颗植物的种子尚且展示着如此生生不息的生命力，我们心里的种子又会如何强大、精妙地诠释这"生生不息"？

天地之心，自然便是这"天德"，上天之好生之德。这生生不息之天德，推动和彰显出天地之间的鸢飞鱼跃、朝气蓬勃。万物如是，人更如是！所以，天行健，君子以自强不息。这自强的内驱力生来本具、本自具足，所以这一个"自"字，说明了一切。这生生不息之源的天德赋予人，即《中庸》"天命之谓性"，自然"不息"！

"仁者以天地万物为一体"。秉承天地之"仁性"的君子，自然与天地万物为一体，天命之生机之源，自然在其身心上得以展现！

我们再拿出《传习录》里的两段，来感受这"生生不息"：

> "与其为数顷无源之塘水，不若为数尺有源之井水，生意不穷。"时先生在塘边坐，傍有井，故以之喻学云。

> 问："知识不长进，如何？"
>
> 先生曰："为学须有本原，须从本原上用力，渐渐盈科而进。仙家说婴儿，亦善譬。婴儿在母腹时，只是纯气，有何知识？出胎后，方始能啼，既而后能笑，又既而后能识认其父母兄弟，又既而后能立、能行、能持、能负，卒乃天下之事无不可能；皆是精气日足，则筋力日强，聪明日

开，不是出胎日便讲求推寻得来。故须有个本原。圣人到
'位天地，育万物'，也只从'喜怒哀乐未发之中'上养来。
后儒不明格物之说，见圣人无不知，无不能，便欲于初下
手时讲求得尽，岂有此理！"

又曰："立志用功如种树然，方其根芽，犹未有干；及
其有干，尚未有枝；枝而后叶，叶而后花实。初种根时，
只管栽培灌溉，勿作枝想，勿作叶想，勿作花想，勿作实
想——悬想何益？但不忘栽培之功，怕没有枝叶花实？"

塘水再多，无源易竭。井水（泉水）虽少，却是涌现不息。

什么是"盈科而进"？这个"科"，通俗地讲，就是"坑"。
如果你有一桶水，倒出来，流到坑里也就停住了。如果是源源
不断涌现出泉水，就会在填满这个坑之后，继续前进。

这就是有"生机之源"的生生不息，有"生机之源"的自
强不息，无论平顺还是坎坷，都能够内驱力不断，自然而然，
一往无前。我们的生命本是天造地设，而这天地之间也无处不
充塞着"虚灵不昧"的法则。人生在世，本自有其意义，这生
生不息的法则也一直将每一个生命朝着蓬勃生长的方向推动。
只要我们不要隔断这本原，不要"分隔隘陋"，这天地之间的
终极法则就会在我们的心内彰显，会在我们的身心上发挥其无
穷的力量，指引我们身心合一、心事合一、知行合一。

至乐

在心学里面有一个非常重要的提法，叫做"乐是心之本体"。有的朋友会觉得有点儿困惑，阳明先生说"定是心之本体""至善是心之本体""良知是心之本体"，这又有一个"乐是心之本体"。到底什么是心之本体？

这些话重新换一种说法来表达，就好理解了：心之本体就是天理，就是至善，就是良知；心之本体是定的，心之本体是乐的。

我们看下面这些文字：

> 乐是心之本体，虽不同于七情之乐，而亦不外于七情之乐；虽则圣贤别有真乐，而亦常人之所同有。但常人有之而不自知，反自求许多忧苦，自加迷弃。虽在忧苦迷弃之中，而此乐又未尝不存；但一念开明，反身而诚，则即此而在矣。每与原静论，无非此意，而原静尚有"何道可得"之问，是犹未免于"骑驴觅驴"之蔽也。
>
> 　　　　　　　　　　　　　　　　　（《传习录》中卷）

问："乐是心之本体，不知遇大故，于哀哭时，此乐还在否？"

先生曰："须是大哭一番了方乐，不哭便不乐矣；虽哭，此心安处即是乐也。本体未尝有动。"

（《传习录》下卷）

乐是心之本体。仁人之心，以天地万物为一体，欣合和畅，原无间隔。来书谓"人之生理，本自和畅，本无不乐；但为客气、物欲搅此和畅之气，始有间断不乐，是也……

（《与黄勉之·甲申》）

"说"是"理义之说我心"之"说"；人心本自说理义。如目本说色，耳本说声，惟为人欲所蔽所累，始有不说。今人欲日去，则理义日洽浃，安得不说？"

（《传习录》上卷）

九川卧病虔州。

先生云："病物亦难格，觉得如何？"

对曰："功夫甚难。"

先生曰："常快活便是功夫。"

（《传习录》下卷）

上面这洋洋洒洒、充满智慧的文字到底在说什么？

答案就在下面这段话里，也来自《传习录》：

> 良知只是个是非之心。是非只是个好恶。只好恶就尽了是非。只是非，就尽了万事万变。

这段话又如何解读呢？答案就在下面这首诗里，也来自《传习录》：

> 虔州将归，有诗别先生云：
> 良知何事系多闻，妙合当时已种根。
> 好恶从之为圣学，将迎无处是乾元。
> 先生曰："若未来讲此学，不知说'好恶从之'，从个甚么！"

阳明先生对陈九川说出可以获得"稳当快乐"的诀窍时，就在虔州，也就是赣州。当陈九川要离开时，有感而发写了上面这首诗。

这首诗是真的好，并非从文学技巧上看，而是它把心学几个核心的机要都融会在里面了。在这里，我围绕这首诗把致良知、知行合一和稳当快乐继续向深处推进，希望你能有所收获。

"良知何事系多闻。"这第一句不费什么思量，主要就是说良知生来本具，不依赖于闻见。

"妙合当时已种根。"从第二句开始，就直奔深不可测的渊泉。这"妙合"是什么意思？为了把这部分讲明白，我们借用周濂溪先生太极图的部分来客串一个"标月之指"。

前文曾经讲过，当有"触发点"触动我们心的时候，心会生成觉知，这觉知其实包含着"知""情"和"意"。知呢，负责断定是非；情呢，主管感受；意呢，就指挥具体的行动。如果把下面这张图的左半边比作心内生成的知、情和意，右半边比作行，那么这种严丝合缝、恰如其分的状态，就是"妙合"。我斗胆称其为"平衡消融"，也就是致中和。

平衡消融图

我们看一首阳明先生非常著名的诗：

书汪进之太极岩

始信心非明镜台，须知明镜亦尘埃。

人人有个圆圈在，莫向蒲团坐死灰。

这里面提到了人人有个"圆圈"在，我们且拿这个圆圈来做比喻！

心最初的"未发之中"恰似一个空空如也的"圆圈"，当其因"触"而"发"的时候，便生成了圆圈的左半边，于是，打破了原有微妙不可言说的平衡（寂）；而这种"失衡"的状态便犹如突然凝聚的势能要释放一样，具备着一个势不可挡的趋向属性，这个趋向属性将指向一个目标——某种状态的行动。"某种"到底是什么样的？就是恰如其分，能够使得这个趋向性的"势能"得以"平衡消融"的行动。举个简单的例子：如果口渴所触发生成的"知、情、意"是左半边，那么喝到恰如其分的水就是这右半边。喝完水后，平衡消融，重新回到那个"空空如也"的圆圈状态。这个就是从"中"到"和"，再回到"中"的状态上去；就是"寂然不动"和"感而遂通"，就是"此心不动"和"物来顺应"。

这个微妙的过程，就是陈九川所说的"妙合"。那这"妙合"当时已"种根"，这个"根"是什么？就是良知之源，就是我们这一章所讲的天地之心、"生机之源"！

重新审视这张图，就会发现，左侧和右侧刚好黑白、虚实相对，所以才能做到"平衡"以及"消融"。这很容易理解。那你有没有发现，为什么这个图的中间是一个虚空的"圆圈"，为什么不是左半圆是黑的，右半圆是白的，左半圆是实的，右半圆是虚呢的？

奥秘就是：这个"圆圈"就是这个"根"，就是这个"一"。阴阳都根于一点。知行本体本自合于一点。体用一原本自源于一点。心事合一本自合于一点……

这个圆圈"寂然不动"，这"冲漠无朕"，却能够随机应变、变动不居地给任何的"触发点"以严丝合缝的"妙合"！这绝非简单地对"知行合一"和"致良知"做个表面的文字理解就能够参透的玄机。这里，蕴藏着阳明心学如此强大的"机奥"，只可体会，无法言表。同时，这里也蕴含了一个答案：从"立诚"到"致良知"，其间的不同究竟是何所指。

我们来看《传习录》里面这两条：

> 问："圣人应变不穷，莫亦是预先讲求否？"
>
> 先生曰："如何讲求得许多？圣人之心如明镜，只是一个明，则随感而应，无物不照。未有已往之形尚在，未照之形先具者。若后世所讲，却是如此，是以与圣人之学大背。周公制礼作乐以文天下，皆圣人所能为，尧舜何不尽为之，而待于周公？孔子删述《六经》以诏万世，亦圣人所能为，周公何不先为之，而有待于孔子？是知圣人遇此时，方有此事。只怕镜不明，不怕物来不能照。讲求事变，亦是照时事。然学者却须先有个明的功夫。学者惟患此心之未能明，不患事变之不能尽"。

刘观时问："未发之中是如何？"

先生曰："汝但戒慎不睹，恐惧不闻，养得此心纯是天理，便自然见。"

观时请略示气象。

先生曰："哑子吃苦瓜，与你说不得；你要知此苦，还须你自吃。"

对于这"妙合"，这"根"，体悟到什么深度，也就能衡量出我们对心学修习的境界。

继续讲陈九川的诗。我们先看第四句，最后看第三句。

"将迎无处是乾元。"乾元，出自《易经》："大哉乾元，万物资始，乃统天。"这里的"乾元"，就是上图中间的那个圆圈，这是真正的根源。知行能够合一源于此，体用一原源于此，心事合一源于此，致中和得以"平衡消融"源于此。可是，只要我们有了"将迎"这个本有的"乾元"，就无法彰显其本来面目，也就无法发挥其本有的功能。其实就是"心体受蔽"，"良知受蔽"，天理无法彰显的另一种表达形式而已。

但是讲到这里，绝对不能因为我们对于这个"遮蔽"现象和原理很熟悉了就稀松平常地混过去了。在这个情境里，在这张图面前，必须提及这个要点：

只要"将迎"就无法归复"乾元"，也就无法知行合一、无法致中和、无法平衡消融！这是一个巨大的秘密。

当我们无法做到"稳当"的时候，是因为我们的"知"不明，我们的"行"不妥。我们总是犯错，但是我们并不能够了然问题的根源；于是我们不断调整、尝试，却总是不能得法。

其实说是秘密，说是"诀窍"，并不玄虚：只要以心之本原由此"触发点"而生的"感"去"应"对，那么自然会"遂通"。这里面不可以多一分，不可以少一毫，否则即是"将迎"，即会"乾元"闭塞，知行分隔，平衡错位，不中不和……孟子说："学问之道无他，求其放心而已矣。"（《孟子·告子上》）阳明先生告诉我们不要外慕，不要逐物，不要外驰。他在《传习录》中卷《答陆原静书》中反复指出陆澄的问题就是"将迎意必"！一旦有这个东西，左侧这半边圆圈就会失真，右边的部分无论怎么"匹配"，都将无法实现"圆"融的"平衡消融"。这就是"将迎无处是乾元"透露出来的秘密。

最后，看第三句：好恶从之为圣学。

在这首诗后面，阳明先生说："若未来讲此学，不知说'好恶从之'，从个甚么！"单说"好恶"这两个字，似乎太平常不过，还有什么难以理解的意思吗？还有什么玄机吗？似乎没有。

但是，"若未来讲此学"，明白了其间的奥秘，就懂了这寻常的"好恶"两字，原来亦是"圣学"的妙处。

回头再看《传习录》里面的这句话：

> 良知只是个是非之心。是非只是个好恶。只好恶就尽
> 了是非。只是非，就尽了万事万变。

这段话出现了四个"只"字，这在告诉我们什么？钥匙只有一把，就在这，不用东奔西跑，答案"只"在这一处！

我们说，心体在"感"和"应"的过程中，有"知""情""意"。古本《大学》讲"诚意"，八条目梳理完之后直接就从"诚意"切入。《中庸》开篇"性""道""教"之后，就讲"喜怒哀乐"的"未发"和"中节"，讲的就是"情"。关于"好恶"，在《大学》里面提及"如好好色，如恶恶臭"，这本就是"诚意"的自然表现。这个"好恶"自然就是真真切切的"感受"，就是"情"。

我们继续问："好"的感受是什么，"恶"的感受又是什么？或者反过来问：什么样的感受令我们"好"，什么样的感受令我们"恶"？在心学的视域里，答案很简单，在这个小专题开篇的时候其实已经点到：

"理义之悦我心，犹刍豢之悦我口。"心学说"乐是心之本体"，只要让心之本体处于"本来面目"，那么心内的"情"之感受就一定是"乐"的。再次完整引用《传习录》里的这一条：

> 来书云："昔周茂叔每令伯淳寻仲尼、颜子乐处。敢问
> 是乐也，与七情之乐同乎？否乎？若同，则常人之一遂所
> 欲，皆能乐矣，何必圣贤？若别有真乐，则圣贤之遇大忧、

大怒、大惊、大惧之事，此乐亦在否乎？且君子之心常存戒惧，是盖终身之忧也，恶得乐？澄平生多闷，未尝见真乐之趣，今切愿寻之。"

乐是心之本体，虽不同于七情之乐，而亦不外于七情之乐；虽则圣贤别有真乐，而亦常人之所同有。但常人有之而不自知，反自求许多忧苦，自加迷弃。虽在忧苦迷弃之中，而此乐又未尝不存；但一念开明，反身而诚，则即此而在矣。每与原静论，无非此意，而原静尚有"何道可得"之问，是犹未免于'骑驴觅驴'之蔽也。

我们多少人都在"骑驴觅驴"，沉沦在忧闷的泥潭，不知如何自拔？解决这个困局的方法只是一个："一念开明，反身而诚，则即此而在矣！"

人生时时，皆是巅峰

　　我把阳明先生人生最后一段岁月里的故事放在本书的结尾。在先生内圣外王的光环里缅怀他，也以此体会心学的真境界。

　　阳明先生一生"立德、立言、立功"，真三不朽。这"立功"的部分有三，其一是荡平南赣汀漳多年的匪患，其二是剿灭朱宸濠叛乱，其三是平定广西思恩、田州和八寨、断藤峡的乱局。

　　简单讲一下广西思恩和田州的问题的由来。最初，当地土官岑猛作乱，朝廷派姚镆前去镇压。岑猛兵败。之后，姚镆采用高压政策，使得已经平复下去的局面再度混乱。岑猛当年的部下卢苏和王受，重新揭竿而起，混乱程度更甚于之前。结果，姚镆在危局下毫无办法。这时候朝廷又想起了战无不胜的阳明先生，任命他"总督两广及江西湖广军务，度量事势，随宜抚剿"。

嘉靖六年（1527）十一月二十日，阳明先生抵达梧州。彼时彼刻，他内心已经有了十足的把握。实际上，岑猛确实是恶人无疑，但是很多被胁迫的人并无十恶不赦之心。姚镆除掉岑猛之后，无差别地施之以暴，引发了诸多悖逆情理的乱政，于是，本来就长期饱受水深火热折磨的平民们，在卢、王的带领下，冒死一搏！在做了非常细密的调查、商讨和准备工作之后，阳明先生正式推行招抚方案。十二月二十六日，阳明先生抵达南宁，第一件事情就是把朝廷准备的兵马悉数遣散；同时向外传递信息，对卢、王并无杀心，愿意对其进行招抚！

阳明先生的威名当然无需渲染，无人不知。所以卢、王听说来处理他们的居然是鼎鼎大名的王阳明，顿时心生忐忑。可是，南宁城并未厉兵秣马，而是一片平静祥和，阳明先生马放南山、铸剑为犁，这样的举措给二人内心的冲击力是无比强大的，于是他们派人向阳明先生表达归降之意。

阳明先生写了一封信，让来使带回给卢、王：

　　尔等原非有名恶目，本无大罪，至于部下数万之众，尤为无辜。今因尔等阻兵负险，致令数万无辜之民破家失业，父母死亡，妻子离散，奔逃困苦，已将两年。又上烦朝廷兴师命将，劳扰三省之民，尔等之罪固已日深。但念尔等所以阻兵负险者亦无他意，不过畏罪逃死，苟为自全之计，其情亦有可悯。方今圣上推至孝之仁，以子爱黎元，惟恐一物不得其所，虽一夫之狱，尚恐或有亏枉，亲临断决，何况尔等数万之命，岂肯轻意剿杀？故今特遣大臣前来查勘，开尔更生之路，非独救此数万无辜之民，亦使尔等得以改恶从善，舍死投生。牌至，尔等部下兵夫即可解散，各归复业安生。尔等即时出来投到，决当宥尔之死，全尔身家。若迟疑观望，则天讨随行，后悔莫及。限尔二十日内，尔若不至，是朝廷必欲开尔生路，而尔必欲自求死路，进兵剿杀，亦可以无憾矣。

阳明先生可以兵不血刃，不战而成，其原因在于：

其一，"与天地合其德。""大人"之大，第一个就是与天地合其德。这天地之"德"，即是"好生之德"，即是万物一体之"仁性"。这是一切伟大力量的源头！阳明先生做事的出发点是为了"开尔更生之路……救此数万无辜之民"，无私心，无妄念！

其二，因为达到了"万物一体"的境界，所以同居"万物一体"之中的卢、王，其心思意气，在阳明先生无碍通透的"感应之几"和"一气贯通"里，一目了然。学生问阳明先生关于"至诚前知"，他回答："诚是实理，只是一个良知。实理之妙用流行就是神，其萌动处就是几。诚、神、几曰圣人。圣人不贵前知；祸福之来，虽圣人有所不免，圣人只是知几遇变而通耳。良知无前后，只知得见在的几，便是一了百了。"

其三，绝对的实力。替你分析、替你考虑、希望你好，这是发自真心，绝无虚情假意。但是："限尔二十日内，尔若不至，是朝廷必欲开尔生路，而尔必欲自求死路，进兵剿杀，亦可以无憾矣！"如果苦心为你择寻生路，你却自作孽，那么杀你无憾了。能说这个在底线处的狠话，是因为阳明先生有握在手里的绝对实力。否则，你再怎么苦口婆心，动之以情晓之以理，若对方置若罔闻，也一切无用。所以，《易经》开篇就说"自强不息"。然而单纯的强大不可以，必须和之以"厚德载物"。两者互为表里、互为体用，了然者自然也就与天道吻合，智慧、仁爱且强大。

这次解决问题，不在硝烟和刀枪上，阳明先生手握上述三个精良武器，兵不血刃，谈笑间轻松赢得了这次战争。阳明先生之所以被称之为神一样的人物，自然是因其超绝迈往之处！

试问，姚谟之流，上述三个武器，能有几个？回答了这个问题，为什么同样的事情放在那些人手里就乱成一团的问题也就找到了答案。内心没有归复本然，学再多的技巧，都不过是无本之木罢了。《传习录》里有这样的话："譬如无根之树，移栽水边，虽暂时鲜好，终久要憔悴。"

谈笑间，可能导致生灵涂炭的问题解决了，思、田百姓的生活回归安宁。照理说，使命完成，阳明先生可以打道回府了，但是他发现，就在不远的八寨和断藤峡，有一伙土匪为害一方，已经很多年了。于是，他组织卢、王及其他力量，一举将其荡平。就在这期间，朝廷的当权派，力促阳明先生带兵打入正在混乱状态的安南（今天的越南），以顺手牵羊将其重新纳入大明治下。这个"命令"，阳明先生却没有执行。让做的不做，没让做的主动去做，其遵循的法则是什么？阳明先生真正忠于的是封建君王还是万物一体之仁性？

这个时期的阳明先生，与当年南赣汀漳剿匪以及大破朱宸濠时都不一样了，现在他已然"封神"，行事信手拈来，出神入化。在他晚年时，学生问关于平宁藩的事，先生曰："……使今日处之，更别也。"这个"更别也"区区三个字，有多少深意！

这个时候，阳明先生的健康状况已经非常糟糕了。本来他就有肺病，到了广西，气候湿热，导致咳嗽越发厉害。甚至到后来，他都已经站不住了，又有腹泻等诸多问题交缠困扰。他就向朝廷写信，表达自己现在身体很坏，必须得回去了。

可是朝廷不批准，不允许他离开。

又过了一段时间，阳明先生的健康问题变得更严重了。阳明先生又写了一封奏疏，情真意切，陈述自己想要回去的想法。他想回去看看自己的家人，自己出生不久的孩子。阳明先生老来得子，非常喜爱。还有，他想看看自己的学生，惦记他们的学业功夫。但是朝廷仍然没有给回复。

在《又寄正宪男·书二》中，阳明先生写道："八月廿七日南宁启程，九月初七日已抵广城……"在《乞恩暂容回籍就医养病疏》中，他写道："将遂自梧道广，待命于韶、雄之间。"阳明先生做了一个决定：收拾行囊，踏上归途！一边走一边等朝廷的批准。

在这期间，他行至横州乌蛮山下，拜谒了这里的伏波将军庙。还记得阳明先生十五岁时曾经做过的梦吗，他梦见伏波将军马援。他那首著名的《梦中绝句》，让我们再温习一遍：

> 卷甲归来马伏波，早年兵法鬓毛皤。
>
> 云埋铜柱雷轰折，六字题文尚不磨。

阳明先生推开伏波将军庙的大门，一切恍如梦境一样。有的时候，人生冥冥当中一些非常奇妙的感受和际遇，真的很难说清楚。他非常感叹，在这留下了两首诗，淡然离去……

闰十月，阳明先生来到甘泉故里增城，拜访甘泉故居。甘泉是他最好的朋友。前文我们已经讲过，阳明先生三十岁出头的时候，在北京和甘泉结识，他们志趣相投，共倡圣学。一直以来，两人都是相互切磋砥砺，朋友讲习，多少道妙，多少至乐，一幕幕往事如烟。人生真正的知己，能有几人？但是，此情此景，阳明先生觉得再也见不到这个最好的朋友了，所以内心非常感伤。他留下了真挚的诗句，我们摘抄几句：

> 落落千百载，人生几知音？
> 道通著形迹，期无负初心。

在广州待命三个月不见朝廷回复，阳明先生的病情越发严重。十一月初，他"荐林富自代"，安排好交接工作的人，决定继续前行，踏上归乡的路。

阳明先生一行过了梅关，进入江西境内，南安的推官周积前来接应。周积是他的学生。阳明先生看到弟子，坐了起来，第一句话问的就是："近来进学如何？"周积一一汇报。然后问先生："道体无恙？"先生说："所未死者，元气耳。"

过了南安，阳明先生的行程就进入赣江。

时间的车轮前进到嘉靖七年十一月二十八日。晚上，阳明先生的座船停泊在岸边。他问道："何地？"侍者回答："青龙铺。"次日（1529 年 1 月 9 日）辰时，阳明先生唤周积上船来，良久，他睁开眼睛，对周积讲："吾去矣！"周积止不住落泪，问："何遗言？"阳明先生说了那千古绝唱的八个字："此心光明，亦复何言。"然后，含笑而逝。

普通人临终前，心内大多充斥着不舍和遗憾，觉得有多少事情不如意，又有多少事情还没有做；这一程人生，在要别离的时刻，拿已然拿不起，放却也放不下。如果说"痴人"的人生是一条曲曲折折的线，要离开的时候，回首望去，太多的低迷如此不甘；抬头展望，似乎未来才有"更好"之"可期"！

阳明先生不是这样。他的人生是一条水平的直线，这条直线就是那天地之心。这线上的每一个点，自然点点都在巅峰。没有"过"的更高，也没有"不及"的偏低，有的只是恰如其分，只是平衡消融，只是致中和，只是知行合一。在世间时时处处事事上，皆是如此。这所有的、随时随地的"恰如其分""平衡消融""致中和""知行合一"，都源于本自具足、通透无碍、美大圣神的本心！

所以，既然时时、处处、事事，都是如此，还有什么需要多说的呢？"当行则行，当止则止，当生则生，当死则死。"

阳明先生的人生，每个当下，都在巅峰！有人说，阳明心学是人生哲学的巅峰。人生哲学，当然是指引我们人生的智慧。在阳明心学的指引下，愿你人生每一刻，都是巅峰！

一切自在本心，何须外慕？